担当者1人で取り組める

はじめての ネット広告

船井総合研究所 著

同文舘出版

はじめに

　私たち船井総合研究所は、ネット広告を活用して業績アップをしたいという企業様をサポートしてきました。現在では1,700社を超える支援先がいらっしゃいます。その約9割が、はじめてネット広告に取り組む方々です。今やあらゆる業種において、業績アップにはネット広告の活用が欠かせないといっても過言ではありません。

　たとえば、自動車の広告宣伝といえば、TVCMや新聞折り込みチラシをイメージされる方が多いかもしれません。それらの施策も重要ではあるのですが、新しいモデルが気になっている人、価格が気になっている人など、ユーザーの関心には違いがあります。それでも、TVCMやチラシは見る側の関心度合いに関係なく放映・配布されていきます。

　一方、ネット広告はユーザーの興味・関心や行動履歴に基づいて、異なる内容の広告を配信することができます。たとえば、「価格ページにアクセスしたものの購入に至らなかった人」に対し、「初売りキャンペーン中」「下取りキャンペーン中」等の価格訴求の強い広告を配信することができます。「問い合わせフォームへの入力を途中でやめた人」には、「お電話でも受付中」と電話での問い合わせに対応していることを伝えることができます。

　こうした機能を活用しながら、販促施策のデジタルシフトを行なっている企業の事業が成長しています。

　本書は、ネット広告にはじめて取り組む企業のご担当者様や、ネット広告を活用してはいるものの、アップデートについていくのが難しい方に向

けて、業績アップに必要なことをまとめたものです。

　私たちがネット広告を運用するうえで大事にしていることや、課題解決時に活用しているメソッドをそのままご紹介している部分もあります。「新しいから」とか、「みんながやっているから」ではなく、「売上アップ・業績アップに直結させる」ことを主眼に置き、ネット広告の考え方と実践法をご紹介しています。

　SNSが一般化し、その活用ノウハウやナレッジが必要とされています。ときには炎上へのリスク管理も求められる時代です。変化の激しいネット広告の基本的な考え方から、メディアごとの特徴を捉えたテクニックまで、なるべく専門用語を排して解説することを意識いたしました。

　最近では、「AI」や「自動化」など、「人が介在しなくても成功する」といった趣旨の情報が目に留まります。たしかに「AI」や「自動化」はネット広告の重要な要素ではあるものの、それらを機能させるのは、ネット広告を配信する企業とそのご担当者です。データを取得するための環境整備やデータの統合・分析には、人の力が欠かせません。私たちの経験に基づくノウハウが、皆さまのネット広告運用の一助となることを願っています。

　テクノロジーが進化し、ネット広告を通じて商品やサービスを必要とする方に届けることができるようになりました。本書から、ネット広告の醍醐味や可能性を感じていただけたら幸いです。

担当者１人で取り組める　はじめてのネット広告
目　次

はじめに

1章　ネット広告をスタートする前に

2章　検索広告[設定編]

3章　検索広告[改善・分析編]

4章　ディスプレイ広告

5章　動画広告

6章　Facebook広告

7章　LINE広告

カバーデザイン　　　三枝未央

本文デザイン・DTP　　　株式会社RUHIA

ネット広告の全体像（広告の種類とターゲティング）

行動履歴にもとづく カスタマージャーニー — 認知 ブランディング / 興味・関心 / 比較検討 検索 / 問い合わせ 購入 / リピート促進 シェア

	認知 ブランディング	興味・関心	比較検討 検索	購入ユーザーへのリマーケティング広告
Google広告 Yahoo!広告 検索広告		・ビッグキーワード ・Knowクエリ ・DSA（動的検索広告）	・Doクエリ ・Goクエリ ・Buyクエリ ・指名ワード	
Googleディス プレイ広告	・デモグラフィック データ配信	・カスタムインテント ・ファインド広告	・サイトリマーケティング ・動的リマーケティング ・カスタマー マッチ	
Yahoo!広告ディス プレイ広告	・デモグラフィック データ配信 ・ブランドパネル	・オーディエンスカテゴリー ・類似ユーザー ・サーチターゲティング	・サイトリマーケティング ・動的リマーケティング	
動画広告	・バンパー広告 ・デモグラフィック データ配信	・TrueView インストリーム広告 ・類似ユーザー配信 ・カスタムインテント ・カスタムアフィニティ	・TrueView アクション広告 ・サイトリマーケティング ・カスタマー マッチ	
Facebook広告	・コアオーディエンス（デモグラフィックデータ配信）	・類似オーディエンス ・コアオーディエンス（興味・関心で配信）	・カスタムオーディエンス ・サイトリマーケティング ・ダイナミック広告	
LINE広告	・LINEターゲティング配信	・類似配信 ・LINEターゲティング配信（趣味・関心で配信）	・オーディエンス配信	

1章

ネット広告を
スタートする前に

ネット広告を成功させるには、まず、ネット広告とは何か、成功とは何かを定義して、その実現のための原則をおさえましょう。ネット広告もSNS広告も原則は変わりません。また、ここに出てくるコンバージョン設定は、今後複雑化するユーザー行動を計測するスキルとして、今後も活きていきます。

基礎

ネット広告を理解しよう

優良な商品やサービスを持っていても、それを発信する手段が適切でないと、期待する効果が得られません。まずは、インターネットの活用状況を知ったうえで、そのポテンシャルを確認していきましょう。

　昨今、多くの方がインターネットを利用しています。総務省のデータによると、スマートフォンの普及にともない、ショッピングや情報検索、動画配信など、幅広い世代がインターネットを利用していることがわかります。つまり、インターネットユーザーに広告を配信することは、より多くの人に、商品・サービスの情報を届けられるポテンシャルがある販促施策といえます。

▶ ネット広告とは

　ネット広告とは「インターネットの媒体上に掲載される広告」で、Webサイトや検索エンジンの画面上に広告枠があります。認知度や売上を向上させたい商品やサービスを宣伝できるのがネット広告です。

　新聞、雑誌、TVCMなど従来の広告に種類があるように、ネット広告にもさまざまな種類があります。ネット広告は大きく「リスティング広告」「ディスプレイ広告」「動画広告」「SNS広告」の4つに分けられます。それぞれの広告について、2〜7章で解説しています。

情報通信機器とインターネットの活用状況

情報通信機器の世帯保有率

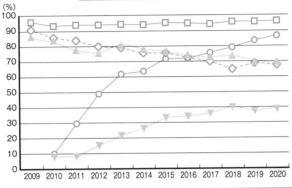

- ○ スマートフォン
- ◇ 固定電話
- ▲ パソコン
- □ モバイル端末全体（携帯電話・PHS 及びスマートフォン）
- ▼ タブレット型端末

普段利用しているインターネットサービス

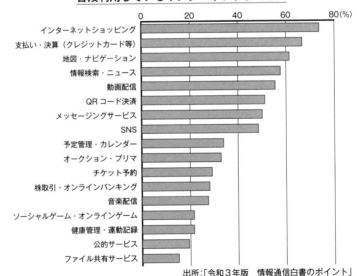

インターネットショッピング
支払い・決算（クレジットカード等）
地図・ナビゲーション
情報検索・ニュース
動画配信
QR コード決済
メッセージングサービス
SNS
予定管理・カレンダー
オークション・フリマ
チケット予約
株取引・オンラインバンキング
音楽配信
ソーシャルゲーム・オンラインゲーム
健康管理・運動記録
公的サービス
ファイル共有サービス

出所:「令和３年版　情報通信白書のポイント」

11

ネット広告の広告枠の種類	
リスティング広告 お客様が Google やヤフーでキーワードを検索して表示されたページ上に、そのキーワードに応じた広告が配信できます。	**SNS広告** 「LINE」や「Facebook」、「Instagram」など SNS と呼ばれるコミュニケーションツールへ広告を配信できます。
ディスプレイ広告 サイトやアプリ上の広告枠に画像や動画を使用した広告を配信できます。	**動画広告** 文字通り動画を広告として配信できます。画像や文字に比べ、多くの情報を伝えることができます。

▶ ネット広告と紙面広告の違い

ネット広告と紙面広告で一概に優劣をつけることはできませんが、ネット広告には、紙面広告に比べて「効率的」かつ「効果的」に配信できるという特徴があります。

①少額の費用からスタートしやすい

紙面広告は掲載料金などが決まっていて、自社に合わせたカスタマイズが容易とはいえません。ネット広告なら、1万円程度の少額からスタートすることができます。

②広告配信中に編集が可能

紙面広告は、一度配布したら編集できません。運用型のネット広告の場合、配信中に編集して、成果を高める余地があります。

③詳細なターゲティングで配信できる

年齢、エリア、日時などを設定して、細かなターゲティングができることも、ネット広告の特徴です。

④効果を数値化しやすい

　ネット広告は、管理画面で成果や費用対効果をほぼリアルタイムに確認できるようになっています。広告費を使ってプロモーションをする以上、効果の検証は極めて重要です。

　一方で、ネット広告にはデメリットともいえる特徴があります。それは、各媒体の広告設定やレポート、改善などを自分たちで行なわなければならないという点です。広告代理店に代行を依頼することは可能ですが、その分、手数料などが発生してしまいます。

　また、紙面広告には手元で保管できるという強みがあるのに対し、ネット広告には保管性がありません。

　紙面広告とネット広告それぞれの特徴を理解したうえで、うまく使い分けることが大切です。

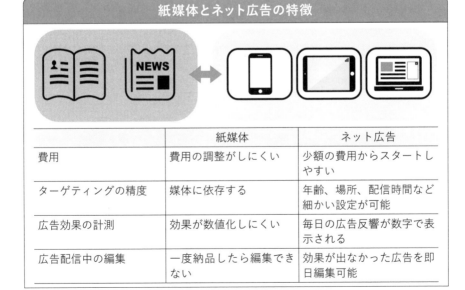

紙媒体とネット広告の特徴

	紙媒体	ネット広告
費用	費用の調整がしにくい	少額の費用からスタートしやすい
ターゲティングの精度	媒体に依存する	年齢、場所、配信時間など細かい設定が可能
広告効果の計測	効果が数値化しにくい	毎日の広告反響が数字で表示される
広告配信中の編集	一度納品したら編集できない	効果が出なかった広告を即日編集可能

ネット広告が注目される背景とその仕組み

インターネット広告に注目が集まる背景に、市場の伸びやユーザー環境の変化があります。時流やトレンドをつかんで、自社のプロモーションにネット広告が有効な理由を理解しておきましょう。

▶ 日本の広告費とネット広告のシェア

　　スマートフォンとインターネットの普及については前項で確認しましたが、次にインターネット広告の市場についてご紹介します。

　　日本の広告費は総額で6兆円を超えるといわれています。これまでテレビメディア広告が最大の割合を占めてきましたが、2019年、ネット広告が最大シェアとなりました。ネット広告の割合は、全体の30%を超え、これからさらに伸びていくことが予測されます。

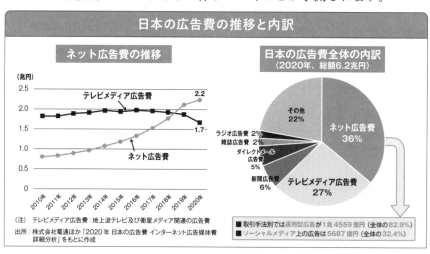

日本の広告費の推移と内訳

ネット広告費の推移

日本の広告費全体の内訳
（2020年、総額6.2兆円）

（兆円）

テレビメディア広告費　2.2

ネット広告費　1.7

ネット広告費　36%

その他　22%

ラジオ広告費　2%
雑誌広告費　2%
ダイレクトメール広告費　5%

新聞広告費　6%

テレビメディア広告費　27%

■ 取引手法別では運用型広告が1兆4559億円（全体の82.9%）
■ ソーシャルメディア上の広告は5687億円（全体の32.4%）

（注）テレビメディア広告費：地上波テレビ及び衛星メディア関連の広告費
出所：株式会社電通ほか「2020年 日本の広告費 インターネット広告媒体費詳細分析」をもとに作成

▶ ネット広告の仕組みとは

　それでは、拡大するネット広告の仕組みを理解しましょう。ユーザー視点でネット広告を考えてみてください。商品やサービスについて「認知」してから「興味」を持って、「検索」「比較」「検討」を経て「購入」することでしょう。各プロセスの中でディスプレイ広告や検索広告、SNS広告などを活用していくことになります。過去にサイトに訪れてくれた方や興味・関心が高いユーザーに配信できるターゲティングなども、ネット広告の有効な手段としてご紹介していきます。

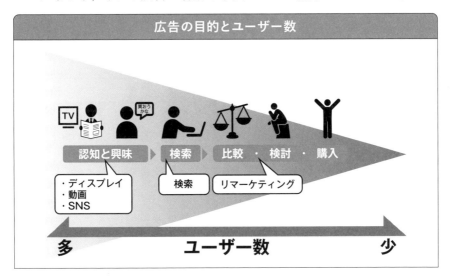

▶ ネット広告の課金形態

　紙面広告では、チラシは配布枚数に応じての課金、雑誌や新聞・フリーペーパーなら掲載課金となることが多く、掲載箇所や大きさなどに応じて価格が変わります。

　ネット広告も同様に、いくつかの課金形態があります。「予算型」

と「運用型」の2種類それぞれに、いくつかの課金形態があります。

　予算型には、ポータルサイトなどで使われる掲載期間を一定期間に決めて課金される期間保証型と、指定の表示回数を保証して課金されるインプレッション保証型があります。

　運用型のうち、クリック・インプレッション課金型は、1クリック、一定のインプレッション数ごとに課金されるもので、検索広告やディスプレイ広告などが当てはまります。クリック保証型は、一定のクリック数を保証して掲載する広告です。成果報酬型は、販売数や申込み数などを対象に課金される広告です。

　本書では、運用型広告をメインにご紹介していきます。

■ ネット広告の課金形態

タイプ	広告メニュー	特徴
予算型	期間保証型	1週間や1ヶ月など、一定期間を指定して掲載するメニュー。 例）ポータルサイトのトップページ、特定カテゴリーのスポンサード
	インプレッション保証型	指定期間に指定の広告表示回数（インプレッション）を保証するメニュー。
運用型	クリック・インプレッション課金型	1クリック・一定インプレッションごとに課金されるメニュー。企業の予算に合わせて管理しながら掲載運用されている。 例）検索広告、ディスプレイ広告、動画広告、SNS広告
	クリック保証型	指定期間に指定のクリック数を保証するメニュー。期間あたりのクリック数は目安となるが、その期間に達成されない場合には掲載を続けるケースが多い。
	成果報酬型	広告主のサイトでの販売数や申込数などに応じて費用が課金されるメニュー。 例）アフィリエイト広告

ネット広告の目的を明確にする

ネット広告によって、「売上を上げたい」「問い合わせを増やしたい」「情報を多くの方に届けたい」などの期待に応える成果をあげることができます。そのためには、まず「目的」を明確にする必要があります。

▶ ネット広告をスタートする前に「目的」や「成果」を明確にしよう

ネット広告をはじめるときには、「どうなったら成功といえるのか」という目的を明確に決めておきましょう。はじめて配信する場合は目標設定が難しいケースもあります。だからといって、ゴールが曖昧なまま進行させると、うまくいっているのかどうか判断できず、改善の方向性も決められません。判断や改善をするためにも、「目的」や「成果」を定義しておく必要があります。

そして、目的や成果は明確であるほどよいといえます。

次ページにある「SMARTの法則」を参考に、目標を設定してみてください。「Specific（明確性）」「Measurable（計量性）」「Assignable（割当設定）」「Realistic（達成・実現可能性）」「Time-related（期限設定）」の5つの要素を明確にするフレームワークです。

▶ はじめてのネット広告の目標設定の目安

「ネット広告をやってみたいが、どのくらいの予算があれば検証できるか」「どのくらいの期間を設定すればいいか」などの声がよく寄せられます。

たとえば、1つの指標として活用いただきたいのが、問い合わせ50件獲得です。チラシを配布して問い合わせ1件を1万円で獲得しているとしたら、50万円を予算に設定して検証していくというものです。期間についても、50件の問い合わせ獲得に3ヶ月かかるなら、検証期間も3ヶ月に設定することをお勧めします。

SMARTの法則

S Specific **明確な目標**　関係者の共通認識となるような明確で具体的な目標を設定する。
例）問い合わせ数を増やす

M Measurable **測定可能な目標**　達成度や進捗度が確認できるものを設定する。
例）問い合わせ50件獲得

A Assignable **割当可能な目標**　誰がどのようなことをするのかなど、必要に応じて社内で役割を分担する。
例）予算の検討・決裁、運用・レポート

R Realistic **現実的な目標**　いたずらに高い目標ではなく、現状のビジネスにおける妥当な目標を設定する。
例）紙媒体と同等の単価で同数の問い合わせ獲得

T Time-related **明確な期限**　期限を決め、成否の判断を下したうえでPDCAサイクルを回す。
例）3ヶ月間

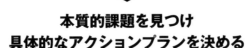

**本質的課題を見つけ
具体的なアクションプランを決める**

「コンバージョン」を使いこなす

「コンバージョン」とは、ネット広告を運用するにあたって必要不可欠な概念です。最初に理解して、使いこなせるようになりましょう。

▶ 購入や問い合わせをコンバージョンとして把握できるようにしよう

コンバージョンとは、商品やサービスの購入、問い合わせ、資料請求など自社のサイトで達成したい目標のことです。「50件の問い合わせを獲得したい」なら、「コンバージョン50件をめざす」と表現します。

▶ GoogleAnalyticsを活用してコンバージョンを計測しよう

コンバージョンを把握するには、Web上での行動を分析するツール「GoogleAnalytics」を活用しましょう。どのページがよく見られているか、導線ごとにお客様の行動がどう違うのかを把握するのに役立つ、Webマーケティングの必須ツールの1つです。

ここでは、Googleタグマネージャーを活用したGoogleAnalyticsのコンバージョン設定の方法をお伝えします。

※2023年7月1日以降、GoogleAnalytics（UA）の計測ができなくなり、GoogleAnalytics4への移行を推奨しています。

［設定手順］ Googleタグマネージャーを活用したGoogle Analyticsのコンバージョン設定

■1 Googleタグマネージャーを作成し、サイトに設定するタグを発行

　Googleタグマネージャーを開設し、ログインすると下記のようなポップアップが出てきます。このコードをサイトに埋め込むのでコピーしておきましょう。

Google タグマネージャーをインストール　　　　　　　　　　　　　　×

下のコードをコピーして、ウェブサイトのすべてのページに貼り付けてください。

このコードは、次のようにページの <head> 内のなるべく上のほうに貼り付けてください。

```
▪▪▪▪▪▪▪▪▪▪▪▪▪▪▪▪▪▪▪▪▪▪▪▪▪▪▪▪
▪▪▪▪▪▪▪▪▪▪▪▪▪▪▪▪▪▪▪▪▪▪▪▪▪▪▪▪▪▪▪▪▪▪▪▪▪▪▪▪▪▪▪▪▪▪▪▪▪▪▪▪▪▪
▪▪▪▪▪▪▪▪▪▪▪▪▪▪▪▪▪▪▪▪▪▪▪▪▪▪▪▪▪▪▪▪▪▪▪▪▪▪▪▪▪▪▪▪▪▪▪▪▪▪▪▪▪▪
▪▪▪▪▪▪▪▪▪▪▪▪▪▪▪▪▪▪▪▪▪▪▪▪▪▪▪▪▪▪▪▪▪▪▪▪▪▪▪▪▪▪▪▪▪▪▪▪▪▪▪▪▪▪
▪▪▪▪▪▪▪▪▪▪▪▪▪▪▪▪▪▪▪▪▪▪▪▪▪▪▪▪▪▪▪▪▪▪▪▪▪▪▪▪▪▪▪▪▪▪▪▪▪▪▪▪▪▪
```

また、開始タグ <body> の直後にこのコードを次のように貼り付けてください。

```
▪▪▪▪▪▪▪▪▪▪▪▪▪▪▪▪▪▪▪▪▪▪▪▪▪▪▪▪
▪▪▪▪▪▪▪▪▪▪▪▪▪▪▪▪▪▪▪▪▪▪▪▪▪▪▪▪▪▪▪▪▪▪▪▪▪▪▪▪▪▪▪▪▪▪
▪▪▪▪▪▪▪▪▪▪▪▪▪▪▪▪▪▪▪▪▪▪▪▪▪▪▪▪▪▪▪▪▪▪▪▪▪▪▪▪▪▪
```

Google タグマネージャー スニペットの導入について詳しくは、クイックスタートガイドをご覧ください。

■2 発行したタグをサイトに設定

　■1 で発行したタグをサイトの全ページに反映させることができる項目に設定します。

■3 GoogleAnalyticsで目標設定

　GoogleAnalyticsにログインし、①②の順にクリックします。「②目標」から「＋新しい目標」をクリックし、次ページの③～⑦のように設定します。

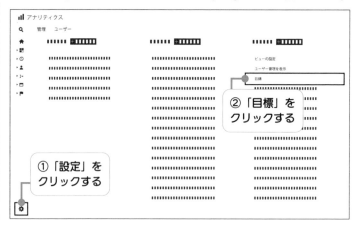

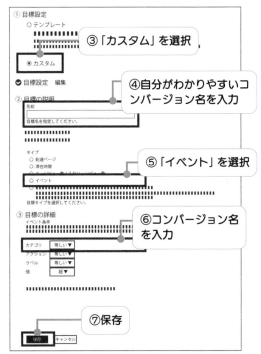

① 目標設定
　○ テンプレート
　　　③「カスタム」を選択
　◉ カスタム

◐ 目標設定 編集
② 目標の説明
　名前
　目標名を指定してください。
　　　④自分がわかりやすいコンバージョン名を入力

　タイプ
　○ 到達ページ
　○ 滞在時間
　○ ページビュー数/スクリーンビュー数
　○ イベント
　目標タイプを選択してください。
　　　⑤「イベント」を選択

③ 目標の詳細
　イベント条件
　カテゴリ　等しい▼
　アクション　等しい▼
　ラベル　等しい▼
　値　　　超▼
　　　⑥コンバージョン名を入力

　　　⑦保存
　保存　キャンセル

4 Google タグマネージャーでトリガーを作成

Google タグマネージャーにログインし、左のサイドメニューから「トリガー>新規」をクリックし、⑧〜⑩のように設定します（例として問い合わせ完了ページが表示されたときの設定方法を記載）。入力が完了したら、「保存」をクリックします。

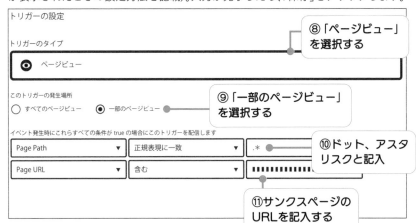

トリガーの設定

トリガーのタイプ
◉ ページビュー
　　　⑧「ページビュー」を選択する

このトリガーの発生場所
○ すべてのページビュー　◉ 一部のページビュー
　　　⑨「一部のページビュー」を選択する

イベント発生時にこれらすべての条件が true の場合にこのトリガーを配信します
Page Path　▼　正規表現に一致　▼　.*
　　　⑩ドット、アスタリスクと記入
Page URL　▼　含む　▼
　　　⑪サンクスページのURLを記入する

⑤ Googleタグマネージャーでタグを作成

　サイドメニューからタグを選択し、新規をクリックし、⑫～⑯のように設定します。トラッキングIDとはGoogleAnalyticsの電話番号のようなもので、この番号を指定するだけで、Googleタグマネージャーで取得したデータを送ることができます。トラッキングコードの確認はGoogleAnalyticsに入り、「設定＞トラッキング情報＞トラッキングコード」をクリックすると表示されます。「UA-」からはじまる番号をコピーしておきましょう。

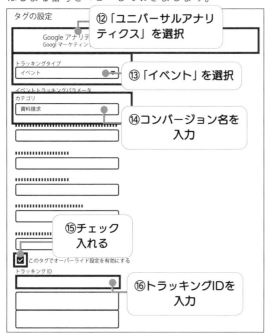

⑥ 完了テスト

　最後に、コンバージョンとして設定したURLを開いて、GoogleAnalyticsで「リアルタイム＞コンバージョン」の画面から確認しましょう。

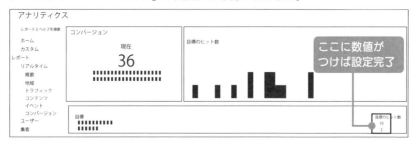

ITPがネット広告に与える影響とその対策

ITP（Intelligent Tracking Prevention）とは、「Apple」が提供しているブラウザ「Safari」に搭載されたトラッキング防止機能です。こうしたWebブラウザの仕様変更に伴い、対策が必要となります。

▶ ITPとは

　ITP（Intelligent Tracking Prevention）とは、「Apple」が提供しているブラウザ「Safari」に搭載されたトラッキング防止機能を指します。スマートフォンで閲覧したサイトの広告が表示されることがあると思います。このような、ユーザーのネット上の行動履歴、情報の取得を防ぐことを目的とした機能です。検索内容や行動履歴に合わせて表示されるインターネット広告への不信感や嫌悪感からユーザーを守るという意図が背景にあります。こうしたWebブラウザを提供する企業が個人情報を保護するための取り組みを進めています。

▶ 広がるトラッキング防止機能の実装

　現在はSafariやFirefoxなどに搭載されているこのトラッキング防止機能ですが、2022年以降にはGoogleが提供するGoogle Chromeにも実装されると公表されています。個人情報保護の観点から、今までは成果につながりやすかったリマーケティング広告の配信に制限がかかる動きは今後高まっていくといわれています。

▶ ITPが広告に与える影響

ITPが広告に与える影響は大きく2つあります。

1つ目は、リマーケティング広告としてターゲティングできるユーザーが減ることです。2つ目は、コンバージョンデータに欠損が発生することです。何が成果につながっているのか、逆に何が成果につながっていないのかの把握が難しくなります。これによって広告のパフォーマンスそのものの悪化が懸念されるとともに、パフォーマンスの判断が難しくなります。

▶ 個人情報を保護する企業と、広告媒体の立ち位置

こうしたトラッキング防止機能が実装されはじめてはいますが、各広告媒体からは、広告を配信する広告主に及ぶデメリットを少しでも緩和する対策が公開されています。広告主の本音としては、正しいコンバージョンデータの取得と、できる範囲内でリマーケティング広告の配信を進めたいのだと思われます。次に具体的な対応方法を記載します。

▶ 各広告媒体から公表されているITPへの対策

各広告媒体が公開しているITP対策の一例です。

・Google 広告：Googleタグマネージャーを使用して「コンバージョンリンカータグ」を設定、または、グローバルサイトタグ、イベントスニペットタグを設定

・Yahoo!広告：「サイトジェネラルタグ」を設定

・Facebook広告：ドメイン認証と合算イベント設定

具体的なアクションとしては、下記のようなJavasctiptの埋め込みや、Googleタグマネージャーを変更する必要があります。自社内での対応が難しい場合は、サイト制作会社に相談するといいでしょう。

Yahoo!広告「サイトジェネラタグ」

```
<script async src="https://s.yimg.jp/images/listing/tool/cv/ytag.js"></script>
<script>
window.yjDataLayer = window.yjDataLayer || [];
function ytag() { yjDataLayer.push(arguments); }
ytag({"type":"ycl_cookie", "config":{"ycl_use_non_cookie_storage":true}});
</script>
```

基礎

カスタマージャーニーを
設計して全体を考える

お客様が商品やサービスを認知し、購入・共有するまでの行動をカスタマージャーニーといいます。このプロセスを確認することで、ネット広告における課題を的確に改善できるようになります。

　　商品やサービスがお客様に認知され、購入・共有されるまでの流れを、「お客様の旅」に見立てて「カスタマージャーニー」と呼びます。特に購入までのプロセスを確認することで、ネット広告の成果が上がります。

　　カスタマージャーニーを作成するには、AISCEAS（アイシーズ）の法則を活用してお客様の思考や言動を確認しておきます。

　　AISCEASの法則とは、インターネットが普及した現代の消費行動を表わすもので、「Attention（気づき）→Interest（興味）→Search（検索）→Comparison（比較）→Examination（検討）→Action（購買・行動）→Share（共有）」という流れでお客様の購買前後の状態を示しています。

▶ 気づいてもらい、共有してもらうところまでを設計する

　　ネット広告の運用というと、サイトの閲覧者を増やすことを考えがちですが、まず、お客様が商品やサービスをどう感じ、行動しているのかを想像・理解することが、広告効果の最大化につながります。

　　たとえば、あるECサイトの商品ページを閲覧はしたものの、その

後購入しなかったユーザーは、購入直前の状態にあった可能性が高いといえます。いわば、店舗で商品を手に取ったけれども、購入を断念して棚に戻したような状態です。購入しなかった理由はさまざま考えられますが、もし価格が想定より高かった場合には、そうした人を対象に初回割引や会員登録割引を知らせると、購入に至りやすくなります。このように、お客様を想像・理解することが大切です。

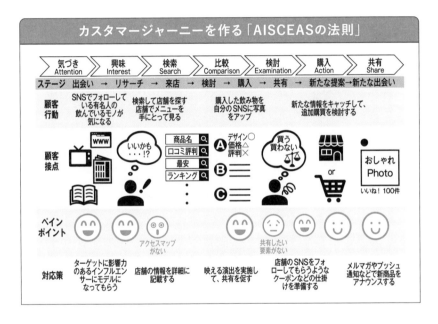

このようにカスタマージャーニーに沿って考えると、お客様の思考や行動に合う広告を配信することができます。

▶ コンバージョンからの逆算とペインポイント

たとえば、「来店後に購入」をコンバージョンに設定して広告を配信する場合には、「商品ページ閲覧→アクセスページ閲覧→来店→購入」といったプロセスを想定します。その際に重要なのは、「購入>

来店＞アクセスページ閲覧＞商品ページ閲覧」とゴールから順に考えることです。まずは来店者の購入率を正しく把握することで来店数の目標を正しく設定し、そのために必要なアクセスページ閲覧数を逆算していきます。

　また、「来店してくれてはいるが、想定通りに購入率が上がらない」「アクセスページの閲覧は増えているが、来店が増えない」といった課題に直面することも珍しくはありません。想定通りの結果につながらないのは、お客様にとって購入を妨げるストレスがあるからです。

　そうした障害を「ペインポイント」と呼びます。ペインポイントを発見・解消し、スムーズな購入やファン化につなげることが、ネット広告の目的といえます。

　もう少し踏み込んでいえば、ネット広告にとどまることなく、お客様に喜んでいただくために妨げになるものを取り除くことが、マーケティングの基本です。

ネット広告の得意領域を理解し、マーケティングプランを作る

ネット広告の媒体は数多くあります。上手に活用するにはマーケティングプランが必要です。目的に合わせたネット広告をどのように決めるべきかを解説します。

▶ 売上目標・客数目標から逆算する

ネット広告を配信する前におさえるべきは、ネット上の数値ではなく、あくまで自社の売上目標、あるいは客数目標です。どの広告をどう活用するかを練る前に、目標を設定しましょう。

次に「ネット経由での売上比率」と「目標ネット販促費率」を決めましょう。これが、今回のマーケティングプランに適した広告予算を決めることにつながります。

たとえば、10億円を今年の全体売上目標としている企業が、ネット経由での売上を40％、販促費率を10％と計画した場合は、ネット経由での売上4億円、使える広告費は4,000万円となります。

▶ ネット広告の得意領域を理解する

売上目標・客数目標を決めたら、詳細な数値を設定します。

売上は「客数×売単価」に分解できます。ネット広告担当者はまず、客数をいかに増やせるかに着目する必要があります。

ネット広告における客数は、「広告接触数×コンバージョン率×成約率」に分解できます。ひと口にネット広告といっても、「接触数」

が得意な広告媒体と、「コンバージョン率」が高い傾向にある広告媒体に分かれます。

　検索広告は、検索されたときにしか広告が表示されない分、高いコンバージョン率が期待できます。検索するということは、ニーズが顕在化している可能性が高いからです。
　一方、ディスプレイ広告やファインド広告、動画広告は、安い広告単価で、あらゆるサイトやYouTubeなどに表示されるため、多くの接触数を獲得することができます。ただし、コンバージョン率の点では検索広告に劣ります。ニーズが顕在化していないユーザーにも広告が配信されるためです。

　SNS広告（図ではFacebook広告、LINE広告）は、それぞれのSNSの媒体によって得意領域が異なります。
　Facebook・Instagramは趣味嗜好のメディアといわれ、個人の好み

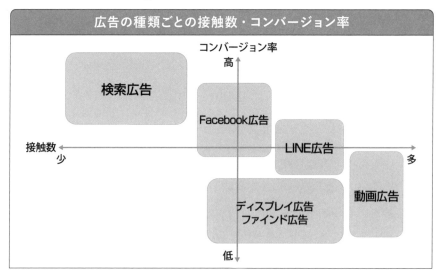

に合わせた広告を配信しやすいのが特徴です。優れたターゲティング精度により、高いコンバージョン率が獲得しやすい媒体です。

　LINE広告は、国内のユーザー数8,900万人にリーチできる接触数の多さが魅力です。

▶ 狙いたいユーザー層に合わせてネット広告を活用する

　「AISCEASの法則」に当てはめると、自社の目標に合わせた広告媒体を選びやすくなります。

　たとえば、「自社のサービスをもっと知ってもらいたい」というブランディング重視なら、ディスプレイ広告や動画広告が適しています。

　一方、「自社商品と関連のあるキーワードで積極的にコンバージョンさせたい」といった目的はダイレクトレスポンスに該当するため、検索広告を利用するといいでしょう。

　マーケティングプランを達成させるには、ブランディングとダイレクトレスポンスの両方を網羅的に実施しないことには達成が難しいケ

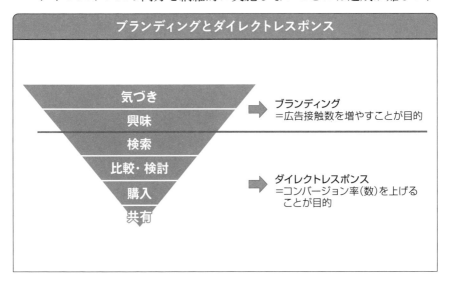

ブランディングとダイレクトレスポンス

気づき
興味
検索
比較・検討
購入
共有

ブランディング
=広告接触数を増やすことが目的

ダイレクトレスポンス
=コンバージョン率(数)を上げる
　ことが目的

ースが多いといえます。なぜなら、ブランディングとダイレクトレスポンスは表裏一体の関係にあるからです。

　自社そのものや自社の商品の認知がなければ検索されることはありませんし、ブランディングがうまくいっても、検索や比較・検討段階にいるユーザーに対し、自社の名前を思い出してもらわなければ購入につながりません。

▶ 少額予算の場合はダイレクトレスポンスを優先させる

　月に数万〜10万円前後の限られた予算で広告を配信しなければならないこともあるでしょう。その場合は、検索広告への配信を優先させることを推奨します。

　よくあるのが、こんな失敗例です。たとえば月9万円の広告予算のうち、検索広告に3万円、ディスプレイ広告に3万円、SNS広告に3万円と均等に配分した結果、いずれも最適な配信がされず、目標が未達成となるケースです。そのうえ、各媒体には3万円分のデータしか溜まっておらず、どの広告が成果につながったのかも判断ができません。

　少額予算の場合は、思い切ってコンバージョン率の高い検索広告に全額を配分してみるといいでしょう。

基礎

自社の強みを打ち出す

広告の配信前に、自社の強みをあらためて明確化することで、魅力的な広告を作りやすくなります。いわば、訴求軸を決める前準備です。「強みの候補」のリストアップの仕方、競合の広告との比較方法などを解説します。

▶ 強みはサイトから引用しよう

　自社の強みを考えるにあたっては、「強みの候補」を、広告をかけるサイトからリストアップするのがいいでしょう。リストアップをしていると、新たに打ち出したい強みに気がつくことがあります。その際は自社サイトの変更も同時に進めるのが理想です。魅力だと感じた訴求点や内容が自社サイトに記載されていないと、違うものだと認識されてしまい、離脱の原因につながるからです。

▶ 他社の訴求内容と比較しよう

　他社の訴求内容を把握するにあたり、検索広告の場合は実際に検索してみるのがいいでしょう。たとえば、「ラーメン 東京駅」と検索すると、次ページのように検索広告がいくつか表示されます。

　検索することで、競合企業のどの広告と比較されるのかがすぐに把握できます。

　Facebook広告の場合は、「広告ライブラリ」というサイト（https://www.facebook.com/ads/library）で競合企業の広告を確認できます。

▶ 差別化の8要素を使って"差別化"された広告文を

　競合の広告を確認したうえで、自社の強みを具体的に選定します。ここが一番悩むポイントだと思います。その際、船井総合研究所のコンサルタントが用いる「差別化の8要素」という視点から強みをリストアップすることをお勧めしています。

　差別化の8要素とは、他社と差別化を図るために意識すべき8つの要素のことで、上から順に重要度を示しています。

　なお、立地が重要度1位になってはいるものの、来店型ではないビジネスモデルであれば、「デリバリーできるのでアクセス不要」といった点を表現するのもいいでしょう。

```
┌─────────────────────────────────────────────────────┐
│ 1．立地（アクセスの利便性）              ↑ 高        │
│ 2．規模（企業の規模）                                │
│ 3．ストアロイヤリティ（創業からの年月や企業のブランド要素）│
│ 4．商品力（商品の強み）                  重要度      │
│ 5．販促力（販売方法の強み）                          │
│ 6．接客力（接客の強み）                              │
│ 7．価格力（価格の強み）                              │
│ 8．固定客化力（既存のお客様とのつながり）↓ 低       │
└─────────────────────────────────────────────────────┘
```

▶ 自社の強みを明確にするために

　　自社の強みを明確にすることで、よりよい広告が作りやすくなります。サイトから強みをリストアップする、競合と比較する、差別化の8要素の視点から競合に負けない強みを決める──この3点を意識して広告を作っていきましょう。

目標達成への道筋を管理する「レポーティング」

運用型広告の魅力は、配信したあとに結果を数値化できることです。目標とのギャップがどれくらいあるか、課題は何かを特定できるレポーティングをめざしましょう。レポーティング方法を具体的にご紹介します。

▶ KPIシートを使ってどこに課題があるのか確認

　　ネット広告は、とにかく指標が多いのが特徴です。最初は指標の意味や見方、どこを改善すればいいのか、そもそも課題はどこにあるのかがわかりづらいかもしれません。下のレポート（以下、「KPIシート」）を使うと、全体像を把握し、どこに課題があるか推測するのに役立ちます。

KPIシート ※KPI：重要業績評価指標

Google検索広告	目標	合計	1月	2月	3月	4月
表示回数	29,412	106,079	28,579	24,592	26,963	25,945
クリック率	8.50%	9.74%	8.40%	9.92%	10.35%	10.41%
クリック数	2,500	10,329	2,400	2,439	2,790	2,700
コンバージョン数	25	107	28	23	26	30
コンバージョン率	1.00%	1.04%	1.17%	0.94%	0.93%	1.11%
クリック単価	¥200	¥200	¥212	¥213	¥182	¥192
広告費	¥500,000	¥2,054,670	¥508,000	¥519,330	¥508,000	¥519,340
コンバージョン単価	¥20,000	¥19,203	¥18,143	¥22,580	¥19,538	¥17,311

シートの指標の意味がわからなければ、単なる数値の羅列になってしまうので、まずは各指標の意味を覚えましょう。

▌KPIシートの指標の意味

表示回数	広告が表示された回数
クリック率	広告が表示されてからクリックされた割合
クリック数	広告がクリックされた回数
コンバージョン数	コンバージョン（成果）につながった回数
コンバージョン率	広告がクリックされコンバージョン（成果）につながった割合
クリック単価	１クリックにかかる費用
広告費	広告費の総額
コンバージョン単価	１コンバージョン獲得にかかる費用

▶ KPIシートを見て課題の仮説を立てよう

アカウントを見る前にKPIシートを見て仮説を立てておくと、広告管理画面で確認作業に入れるのでスムーズです。なぜ目標未達となるのか、アカウントでは要因箇所の特定だけをするようにしましょう。

クリック率とコンバージョン率が悪いときの要因一例は、次の通りです。

クリックされない理由の例
□検索意図とマッチしない広告文が配信されている
□広告が掲載されている順位が低くて気づかれない
□広告文に魅力を感じていない
□広告を大きく見せるオプションを設定しておらず、目立たない
□適切な配信面に配信されていない
□年齢、性別、配信エリアの設定が広い
□除外設定を活用できていない
クリック率が低い＝広告を見てもユーザーがクリックしない

コンバージョンしない理由の例
□そもそも購入、依頼するモチベーションが低いユーザーを流入させている
□サイトで商品、サービスの魅力を伝えきれてない
□サイトスピードが遅い、モバイル対応していない
□競合のサイトと比較し、競合サイトで購入している
□コンバージョンを促す導線設計になっていない
□ユーザーが知りたい内容とランディングページが一致していない
□年齢、性別、配信エリアの設定が広い
□除外設定を活用できていない
コンバージョン率が低い＝サイトを見てもコンバージョンしない

　クリック率とコンバージョン率が課題となっている際には、上の例が該当するかどうかを確認してみてください。

▶ 実現可能性のある目標を立てよう

　目標達成するための方法を考えることは大切ですが、そもそも立てた目標が実現困難なケースがよく見受けられます。「この目標、実現できないのでは？」と感じた際は、KPIシートのコンバージョン率と

クリック単価の項目を確認しましょう。現状の数値と大きく異なっている場合は、目標の再設定を検討しましょう。

たとえば、現状のコンバージョン率2％に対して、CPA（コンバージョン単価）を達成するのに6％のコンバージョン率が必要という場合などは、実現困難だと考えて目標自体を修正することをお勧めします。商材にもよりますが、一般的にコンバージョン率が3％以上になるケースは多くはありません。1.5〜3％が妥当な努力目標であると念頭に置いてください。

▶ KPIシートの使い方・まとめ

目標とのギャップがどれくらいあるか、課題はどこにあるのか、スムーズに特定できるレポーティングをすることが、「目標達成までの筋道」を管理することになります。

手順をまとめると、次の通りです。

▌KPIシートの使い方

1 目標値を入力する

2 広告の数値を各月入力する

3 仮説を立ててから広告管理画面を確認する

課題を特定したあとの具体的な対策については、3章に記載していますのでご参照ください。

2章

検索広告
[設定編]

ネット広告のはじめの一歩は、Googleやヤフーといったプラットフォームが提供している「検索広告」といっても過言ではありません。自社商品やサービスにたどり着いてもらうには、ユーザーがスマートフォンで検索している内容を想像したうえで、広告を配信していきましょう。

検索広告とは

検索広告とは、Googleやヤフーの検索結果に表示される広告です。PCやスマートフォンで商品やサービスを探しているユーザー向けに有効な広告です。ネット広告の代表格が検索広告です。

▶ 検索広告のメリット

　「検索広告」とは、インターネット広告の代表的なものの1つです。ユーザーの検索語句に関連した広告を配信し、検索結果の上部に表示させることができる広告です。

　「ネット検索する」人は、その検索語句に興味を持っている段階にあるといえます。ポスティングチラシやテレビCMはその商品やサービスに興味・関心や関連性がない大多数の人にアプローチしやすい媒体特性があります。一方、検索広告は興味・関心や関連性が高い人にアプローチしやすいという特性があります。

▶ 2つの代表的な検索広告

　日本における代表的な検索エンジンはGoogleとヤフーです。この2つで90％以上の検索シェアを占めるといわれています。多くの企業にとって、この2つの広告媒体で検索広告を使用することにより、多くの見込顧客にアプローチすることが期待できます。

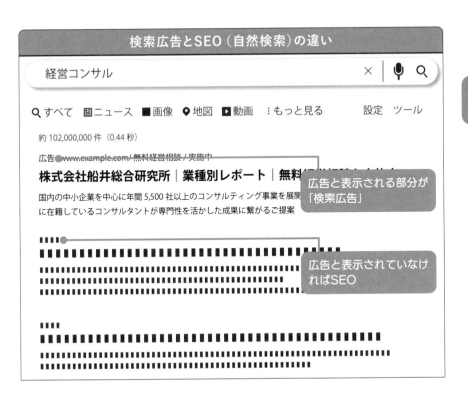

検索広告とSEO（自然検索）の違い

▶ 検索広告のオークションの仕組み

　　検索広告が表示される仕組みは、次ページ図の通りです。ある語句が検索されると、各企業が登録しているキーワードと照合されます。そしてキーワードに紐づけられている広告が、検索エンジン内のオークションシステムに基づいて表示される仕組みです。普段、私たちが何気なく見ている検索広告は、このような仕組みで表示されています。

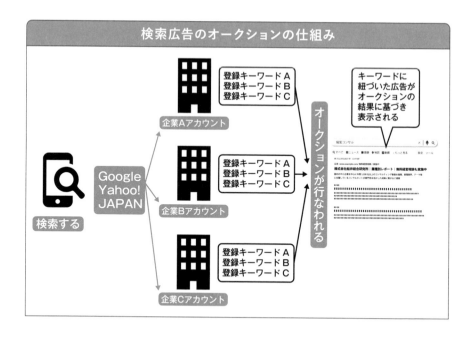

検索広告のオークションの仕組み

登録キーワードA
登録キーワードB
登録キーワードC
企業Aアカウント

登録キーワードA
登録キーワードB
登録キーワードC
企業Bアカウント

登録キーワードA
登録キーワードB
登録キーワードC
企業Cアカウント

Google Yahoo! JAPAN

検索する

オークションが行なわれる

キーワードに紐づいた広告がオークションの結果に基づき表示される

機械学習に適したアカウント構成とキーワードの選定方法

アカウント構成の仕組みを理解して、「機械学習」を活用した広告運用を実践しましょう。最新のテクノロジーを活用することが成果を出す土台となります。ここではキーワードの選定方法もご紹介します。

▶ 検索広告のアカウント構成（キャンペーン、グループ、キーワード）

　　検索広告は、アカウント上でキャンペーンごとに設定することができます。たとえば、エリアごとに予算を管理したいときに分けて設定するなど、PRしたい目的に合わせてキャンペーンを分けることができます。

　　また、各キャンペーンの中にグループを設定することができ、広告文などを出し分ける機能があります。

　　アカウント構成は次ページ図のように、「箱の中に箱が入る」イメージです。アカウントの中にキャンペーンが、キャンペーンの中に広告グループが、広告グループの中にキーワード・広告文等が入るイメージです。

▶ 機械学習に適したアカウント構成とは

　　Google広告にはAIを使った機械学習という機能があり、機械学習に適したアカウント構成にすることが、Google広告を運用するうえでのポイントとなります。機械学習とは、広告を配信する地域や曜日、時間、オークションへの入札など、あらゆる要素の掛け合わせのうち、

アカウント構成とは			
アカウント			
ログインメールアドレスとパスワード お支払い情報			
キャンペーン		**キャンペーン**	
予算設定		予算設定	
広告グループ	**広告グループ**	**広告グループ**	**広告グループ**
広告 キーワード	広告 キーワード	広告 キーワード	広告 キーワード

出所：「Google広告の構成について」
https://support.google.com/google-ads/answer/1704396?hl=ja

　もっとも成果の出るパターンをAIに学習させるものです。これまでは運用担当者が自身で行なう改善・分析に苦慮してきましたが、Googleの機械学習は自動で検証と改善を繰り返しているのです。

　「AIの登場によって運用担当者は要らなくなる」といった表現を耳にすることもありますが、運用担当者には、機械学習機能を使ってさらに高い目標を達成することが求められています。まずは、機械学習を活用するためのアカウント構成を使いこなせるようになることをめざしてください。

　機械学習に適していないアカウント構成にしてしまうと、機械学習に必要なデータが取得できず、成果が出ません。右の図のように、キャンペーンは最小数で作成し、広告グループはカテゴリ別に作成するのがいいでしょう。悪い例にあげているパターンは、以前はよく使われていましたが、機械学習のアップデートによって、1つのキャンペーン内で検証を行なえるようになっています。

アカウント構成の例			
アカウント			
・固有のメールアドレスとパスワード ・お支払い情報			
キャンペーン		キャンペーン	
テレビ		カメラ	
広告グループ	広告グループ	広告グループ	広告グループ
液晶テレビ	プラズマテレビ	デジタルカメラ	コンパクトカメラ

出所：「広告グループでアカウントを整理する」
https://support.google.com/google-ads/answer/6372655

▶ 検索意図は大きく4つ。成果につながりやすい検索語句とは

　検索広告は、「どのようなユーザーに広告を表示させるのか」を細かく設定できるのが魅力的なポイントです。まずは、検索語句の種類と特徴をおさえ、どの検索に広告を表示させるのかを考えていきましょう。

　検索語句はクエリとも呼ばれ、ユーザーが実際に検索エンジンに入力した語句を指します。検索語句（クエリ）は、次ページ図のように大きく4つに分けられます。

　Goクエリ、Doクエリ、Buyクエリはコンバージョンにつながりやすいので、優先的にキーワードに設定しましょう。商材やエリアによってこの検索に競合他社が集中することもあります。運用しながら採算が合うかどうかを確認し、配信を継続するのか、除外設定するのかを判断しましょう。

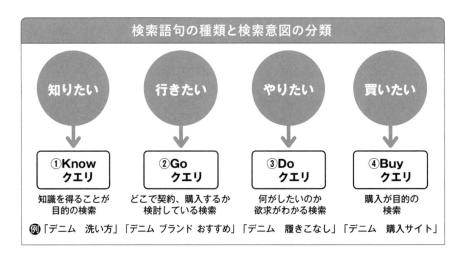

検索語句の種類と検索意図の分類

知りたい	行きたい	やりたい	買いたい
①Know クエリ	②Go クエリ	③Do クエリ	④Buy クエリ
知識を得ることが 目的の検索	どこで契約、購入するか 検討している検索	何がしたいのか 欲求がわかる検索	購入が目的の 検索

例「デニム　洗い方」「デニム ブランド おすすめ」「デニム　履きこなし」「デニム　購入サイト」

　なお、Knowクエリは一般的にコンバージョン率が低いものが多くなります。成果につながっているKnowクエリは残したほうがいいですが、配信してコンバージョンにつながらない場合は除外対応をしていきます。

▶ キーワードの選定方法

　具体的なキーワードの選定手順について、「デニム」をオンラインで販売するケースを例に紹介します。「キーワードプランナー」というツールを使います。調査に工数と時間がかかりますが、広告を1クリックされるごとに費用が発生するので、こだわって作成しましょう。

　キーワードプランナーを使いどのような検索に広告を設定するかを決めれば、大きくターゲットを外すことなく広告を配信できます。ユーザーの行動パターンを想像しながらキーワードを選定することが大切です。なお、キーワードプランナーは無料です。

［設定方法］「デニム」をオンラインで販売する例

１ ツールと設定から、キーワードプランナーを起動

２ サイトのURLからキーワードを抽出

３ 検索ボリュームや競合性、DoクエリやGoクエリの抽出や、検索ボリュームの大きいKnowクエリの除外設定を行なう

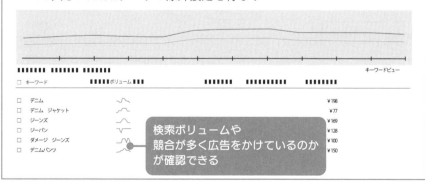

基礎

広告表示オプションを設定する

Googleやヤフーに表示させる広告面積を拡大できるオプションがあります。広告の表示面積が広くなるとクリック率が上がり、商品・サービスの強みをより具体的に訴求することも可能です。

　Google広告とYahoo!広告のどちらでも設定できる主要な広告表示オプションを紹介します。近年のアップデートでは、広告表示オプションを設定することでオークションにも有利になるとされています。

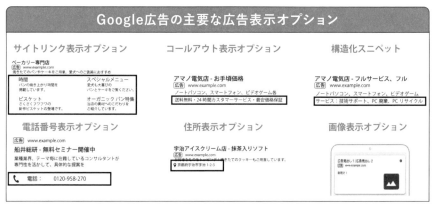

出所：Google広告ヘルプをもとに作成

■ 広告表示オプション一覧（青の部分のオプションは必須）

表示オプション名	メリット・機能
・サイトリンク表示オプション ・クイックリンクオプション	・サイト内の特定ページへのリンクを広告に追加表示できる ・各リンクのクリック数なども比較でき、ユーザーに関心のある内容を確認できる
・コールアウト表示オプション ・テキスト補足オプション	・商品／サービスの詳細・特徴を伝えられる ※自社の商品／サービスの強みをいくつかの単語に分けて短く訴求
・構造化スニペット ・カテゴリ補足オプション	商品／サービスの詳細・特徴を伝えられる ※自社の商品、サービスを網羅的に設定
・住所表示オプション	・クリックするとGoogleマップが開き、店舗の位置情報がわかる ※Googleビジネスプロフィールとの連携が必要
・電話番号表示オプション ・電話番号オプション	・クリックすると電話がかかる
・画像表示オプション	・商品やサービスの視覚に訴える魅力的なビジュアルを使用してテキスト広告のメッセージを強化し、パフォーマンスの向上に役立つ
・価格表示オプション	・商品の価格訴求ができ、料金ページへのリンクなど設定できる
・プロモーション表示オプション	・セールやプロモーション情報を追加表示できる
・アフィリエイト住所 　表示オプション	・商品を販売している最寄りの店舗を知らせることができる（例 「近くの店舗で取扱あり」というメッセージをクリックすると、Googleマップにつながる） ※メーカーが小売チェーンを通じて商品を販売している場合にのみ使用
・アプリリンク表示オプション	・クリックすると、アプリのダウンロード画面が開く
・メッセージ表示オプション	・クリックするとSMSアプリが開き、広告主に連絡できる
・販売者評価の 　広告表示オプション	・一定の条件を超えると使用でき、Googleマイビジネスの★評価のような画像を追加で配信できる。高い評価を受けていることを訴求できる

▶ 広告表示オプションの未設定は機会損失につながる

広告表示オプションを設定しない場合、競合他社より品質の低い広告だと評価される可能性があります。前ページ表で青く塗られた部分の主要な広告表示オプションだけでも設定しましょう。

▶ 広告表示オプションの成果確認方法

広告表示オプションの数値確認は間違いやすいので、以下の方法で確認してください。

[確認方法] Google広告の広告表示オプションの成果

「広告表示オプション＞分類＞この広告表示オプションとその他」を選択すると、確認できます。

広告表示オプション
サイトリンク ▼ ×

「広告表示オプション＞分類＞この広告表示オプションとその他」を選択

「この広告表示オプション」単体のクリック数がわかる

サイトリンク表示オプション	レベル	ステータス	表示回数	費用	クリック数	コンバージョン率
アカウント						
表示オプション	アカウント	承認済み				

サイトリンク表示オプション	レベル	ステータス	表示回数	費用	クリック数	コンバージョン率
表示オプション	アカウント	承認済み	6,015	¥69,538	376	2.08%
その他			6,015	¥63,815	311	2.25%
この広告表示オプション			6,015	¥5,723	25	0.00%

広告グループに設定する3つの広告文

広告グループごとに、広告文を設定します。Google広告は、「拡張テキスト広告」2つと「レスポンシブ検索広告」1つを設定することが推奨です。この項目と次の項目で広告文の設定についてお伝えします。

▶ 拡張テキスト広告とレスポンシブ検索広告

　　テキスト広告とは、指定の設定通りに配信される広告です。見出しや説明文が増えたことで「拡張」とつくようになりました。後述するレスポンシブ検索広告によって、機械学習に最適な推奨設定があるとされています。それは、「拡張テキスト広告2つとレスポンシブ検索広告1つ」というものです。Yahoo!広告では拡張テキスト広告を拡大テキスト広告といいます。

テキスト広告	レスポンシブ検索広告
最終ページ URL https://www.funaisoken.co.jp	広告見出し　最適化の情報を表示
広告見出し 1 ○○業界のコンサルティングなら	株式会社船井総合研究所　**広告見出し**
広告見出し 2 【株式会社船井総合研究所】	即時業績 UP なら
広告見出し 3 まずは無料経営相談	○○○ ▲▲▲ ■■■ ◆◆◆ ★★★
表示 URL のパス funaisoken.co.jp/ パス 1　　/ パス 2	
説明文 1 年間5,500社以上のコンサルティング事業を展開。 業種業界、テーマ毎にコンサルタントが在籍。	説明文　最適化の情報を表示 業種業界、テーマ毎に専門コンサルタントがサポート　**説明文**
説明文 2 業績UPしたい経営者の為の会員制情報サービス 【社長ONLINE】配信中	年間 5,500 社以上の経営をサポート / 業界を超えて、 最新の成功事例を集約
	業界別無料ビジネスレポートプレゼント 【無料経営相談実施中】
指定の設定通りに配信される	候補の中から自動的に選定して 配信される

Google広告、Yahoo!広告ともに、以下の画面から設定します。

　おもな入力項目は、広告見出し、説明文、パス（Yahoo!広告の場合はディレクトリ）、最終リンクURLです。ここで設定した文章が広告として配信されます。作成時は、文字数も考慮して設定しましょう。

■ 拡張テキスト広告、拡大テキスト広告の制限文字数

項目	文字数（※半角）
広告見出し	30字
説明文	90字
パス（Yahoo!広告は「ディレクトリ」）	15字

▶ 広告見出し3と説明文2は表示されないことも

　下の図の枠で囲われている部分（見出し3、説明文2）は、必ずしも表示されるわけではありません。広告文を作成する際は、表示されないことも考慮して作る必要があります。広告文2と広告文3をつなげて意味が通じる文章もやめたほうがいいでしょう。

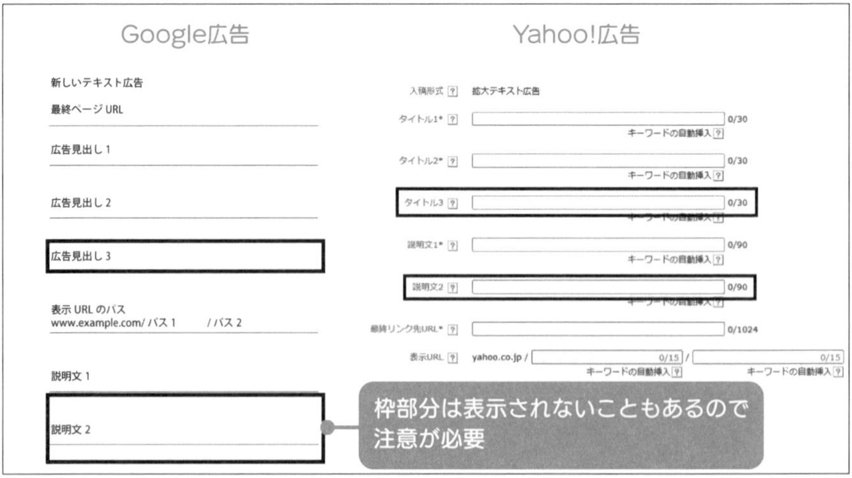

▶ サイトの情報からキャッチコピーを作成

　検索広告を運用するうえでの理想は、ユーザーの検索意図、広告文、ランディングページのすべてが、一貫した内容で表現されていることです。文字数制限があるので、完全に一致させることは難しいのですが、広告文はサイト内の文言から選択するといいでしょう。魅力的な訴求文を思いついたときは、サイトの変更も同時に行なうことが大切です。間違った内容の広告を配信するリスクを減らすことにもつながります。

▶ Google推奨の広告イメージを活用

　Google広告の管理画面には訴求軸の候補がまとまっています。広告文の作成に悩んだ際は、以下の訴求軸とサイトの内容を照らし合わせて作成してみてください。

広告イメージ例

∧商品やサービス
提供する商品またはサービスは何ですか？
・地元農家直送のブーケ
・認定済み中古車
・ウェブホスティングプラン
・ほとんどの保険に対応

∧オンラインの在庫状況
提供する商品やサービスは
オンラインで購入できますか？
・オンラインで買うなら［Brand］
・自宅からオンラインで買い物
・オンラインショップでお買い物
・外出先から注文

∧在庫と品揃え
どのようなカテゴリ、オプション、
品揃えを提供していますか？
・数百種類のオプション
・今冬の最新スタイル
・5万点以上の品揃え
・50デザイン、50色で展開

∧価格と手数料
価格、税金、または手数料をアピールできますか？
・予約は19,900円から
・キャンセル料金なし
・18ヶ月間年利0%

∧送料、返品
顧客が利用できる配送や受け取りのオプションは？
・非接触配送に対応
・ピックアップの日時を指定可能
・商品を店先でピックアップ
・返品可能期間を30日間延長

∧メリット
顧客にはどのようなメリットがありますか？
・複数のサイトにも簡単に投稿可能
・30分で簡単調理
・調理不要
・アクセスのよい2ヶ所の店舗

∧プロモーションと割引
どのような割引や特典を提供しますか？
・全商品最大33%オフ
・週末セール開催中
・ポイント2倍
・ご登録の方には1万円を進呈

∧ブランド
ブランド名を含めていますか？
・［ブランド名］
・［ブランド.com］
・［ブランド］のベストプライス
・［ブランド］の公式サイト

∧行動を促すフレーズ
顧客に取ってほしい行動は何ですか？
・ラスベガスのホテルを予約
・今すぐ試乗予約
・100以上の特典を比較しよう
・無料診断、今すぐお申し込みを

出所：Google広告管理画面をもとに作成

広告文作成時はExcel、スプレッドシートで下書きすると効率的

設定する広告文の全体像を考えながら作成することができるので便利です。また、文字数を計測できる「LEN関数」を合わせて使用すると、広告文の作成がはかどります。第三者と共有することも含めて、下のようなスプレッドシートに記載することをお勧めします。

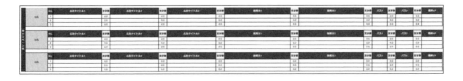

広告文の入稿を効率化する「広告エディター」でできること

ネット広告を運用していると、複数の広告を変更するようなケースが発生します。その際は無料ツールの「広告エディター」を使用すると効率的に作業を進めることができます。具体的には、次のようなことが可能です。

・一括編集ツールで迅速に複数の変更を加える

- ファイルのエクスポートやインポートにより、提案の共有やアカウントへの変更適用を行なう
- キャンペーンのパフォーマンスデータを表示する
- 複数のアカウントの管理、編集、表示を同時に行なう
- 複数の広告グループやキャンペーンでテキストを検索、置換する
- 広告グループやキャンペーン間で項目をコピー、移動する
- キャンペーン編集の際に、複数の変更内容を元に戻したりやり直したりする
- アカウントにアップロードする前に変更内容を下書きする
- オフラインで作業する

　他にも機能がありますが、広告管理画面上で操作できることは可能です。複数箇所の変更が発生した際にこのツールを使うと、作業がスムーズになります。

［設定方法］Google広告エディター

「Google広告　エディター」にアクセスして、ダウンロード。

Excelのような使用感で操作でき、効率的に作業が進みます

［設定方法］ Yahoo!広告キャンペーンエディター

「Yahoo!広告キャンペーンエディター」にアクセスして、ダウンロード。

基本的な操作方法はGoogle広告もYahoo!広告も同じ形式です

※2022年6月30日より、Google広告の拡張テキスト広告の作成と編集ができなくなりました。以後の推奨設定は、各広告グループにレスポンシブ検索広告を1つのみ設定する構成です。1つのグループに複数のレスポンシブ検索広告を設定すると、工数が増えるだけでなく、データが分散して機械学習に影響が出る可能性があるので注意しましょう。

基礎

レスポンシブ検索広告を
使いこなす

レスポンシブ検索広告とは「最適な広告文を、機械学習に基づき自動作成する」機能です。この機能を利用して、よりクリック率の高い広告文を作成しましょう。

▶ レスポンシブ検索広告とは（RSA：responsive search ads）

レスポンシブ検索広告の機能がリリースされる以前は、さまざまなパターンの広告文を掛け合わせて作成するしかありませんでした。しかし、レスポンシブ検索広告では、複数の広告見出しと説明文を同時に設定し、検証することができます。候補の中から広告が自動で組み合わされて配信されます。選定の基準は、ユーザーの検索語句、所在地、興味・関心、デバイス等が考慮されています。検証したい広告見出しや説明文を設定してみましょう。組み合わせの候補が多いほど選択肢が増え、パフォーマンスの高いレスポンシブ検索広告が設定できます。

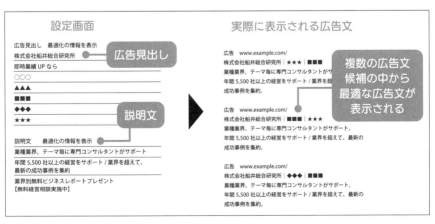

▶ クリック率が高いレスポンシブ検索

　広告グループに設定する広告文のうち、1つはレスポンシブ検索広告を入れましょう。クリック率が上がりやすくなります。クリック率が上がる理由として、以下の3つがあげられます。
・デバイスの幅に合わせて広告文の大きさが自動調整される
・検索語句に関連性が高い広告文が表示される
・ユーザーの所在地、よく訪れる場所、興味・関心を示した地域に合わせて表示される
　手動で広告文を設定することなく、ユーザーの利用環境や、検索語句等に合わせて広告文が自動で選定されるため、ユーザーからのクリック率も高くなり、評価されやすくなります。

▶ 「広告の有効性」指標を参考に

　広告見出しや説明文を入稿する際の設定画面に、以下のような項目が出てきます。「機械学習に適している広告文か」を評価してくれる機能です。設定した広告文の数、内容の質を基準に効力が表示されます。

広告の有効性　フィードバックを送信
　　　　　　　非常に良い設定がなされています。以上で完了です。

優良
　　　⊘広告見出しを追加しましょう　最適化の候補を表示
　　　　よく使われているキーワードを広告見出しで使用してください
　　　⊘最適化の候補を表示
　　　⊘広告見出しをより独自性のあるものにしましょう　最適化の候補を表示

	レスポンシブ検索広告	拡張テキスト広告
見出しの数	最低3個、最大15個	最低1個、最大3個
説明文の数	最低2個、最大4個	最低1個、最大2個
見出しの文字数	全角15字（半角30字）	
説明文の文字数	全角45字（半角90字）	
表示される見出しと説明文の数	見出し：最低2個、最大3個 説明文：最低1個、最大2個	

「低」「平均的」「良」「優良」のうち、優良をめざして設定しましょう。

▶ レスポンシブ検索広告設定時の注意点

1　同じ意味の広告文が2つ同時に配信されることがある

たとえば、「経営相談が初回無料｜まずは無料経営相談」という、内容が似通った広告が表示される場合があります。これを防ぐために、最初から広告文の内容が被らないように設定しましょう。プレビュー機能を活用することで、不自然な組み合わせになっていないか確認できます。

2　必ず表示させたい広告文がある場合は「ピン止め」の機能を使う

広告の効力が下がるので躊躇する方もいますが、「ユーザーにとって最適な広告を表示させる」という目的を忘れずに設定することが大切です。

3　レスポンシブ検索広告は1つの広告グループに1つ

アカウント構成の章でも記載したように、広告文はたくさん設定すればいいというものではありません。機械学習のために1つのグループに1つ設定しましょう。機械学習に必要なデータを他のレスポンシブ検索広告に分散させないようにするためです。

▶ テキスト広告の作成にもレスポンシブ検索広告が役立つ

レスポンシブ検索広告の配信後、配信データが溜まると広告文の評価が見られるようになります。「低」〜「優良」という評価のうち、「優良」となった広告文を、通常の広告文である拡張テキスト広告、Yahoo!広告など他媒体でも活用するといいでしょう。

Google広告のレスポンシブ検索広告の機能で評価の高い広告見出しや説明文を見つけて、プロモーション全体に派生させることで、成果を上げていきましょう。

また、2021年6月に、Yahoo!広告でもレスポンシブ検索広告の機能がリリースされました。こちらでも検討・活用していきましょう。

▶ 広告の下限品質を担保するチェックリスト

広告を配信する前に、次の点をチェックしてください。

1　以下の広告表示オプションが入っているか

Google広告	Yahoo!広告
サイトリンク表示オプション	クイックリンクオプション
コールアウト表示オプション	テキスト補足オプション
価格表示オプション	カテゴリ補足オプション
住所表示オプション	電話番号オプション
電話番号表示オプション	―
画像表示オプション	―
構造化スニペット	―

2　レスポンシブ検索広告が設定されているか（広告の効力は「低い」になっていないか）

3　拡張テキスト広告2つ、レスポンシブ検索広告1つになっているか

まだ設定されていない場合、上記の点を設定することで、広告の成果が改善する可能性があります。

マッチタイプと除外設定の考え方

キーワードの配信範囲を「マッチタイプ」という設定で調整できます。部分一致は除外設定と合わせて活用して、最適なユーザーに配信しましょう。

▶ 成果を左右する3種類の「マッチタイプ」

　　マッチタイプは全部で3種類あり、広告をかける配信範囲をどのように指定するかを決める大切な設定です。この設定を誤ると、意図した検索に広告を表示させることができないので、必ず覚えましょう。マッチタイプの仕組みを理解することで、広告の配信範囲をコントロールできるようになります。

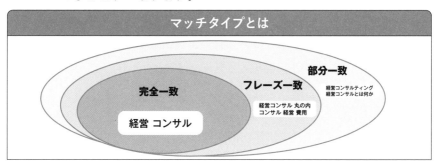

　　「経営　コンサル」と検索した場合の各マッチタイプの意味は、以下の通りです。

1　部分一致：関連する検索、意図しない検索、キーワードに含まれない検索にも表示される

表示される検索例「経営　コンサルティング」「経営コンサルティングとは何か」

2 フレーズ一致：設定した文言が含まれる検索に広告が表示される。語順は問わない

表示される検索例「経営　コンサル 丸の内」「コンサル　経営　費用」

3 完全一致：登録したキーワードと一致する検索にのみ表示される（誤字などは自動的にカバーされる）

表示される検索例「経営　コンサル」※誤字や、同じ意図の検索も少し広がる

　３種類のマッチタイプを使いこなし、意図した検索に広告を表示させるようにしましょう。

▶ 部分一致のメリットと使用するタイミング

　部分一致を使用するメリットは、幅広い検索に広告を配信できることです。つまり、ある程度関係性があると判断された検索に対して広告を表示することになるので、自分が想像していなかった成果につながる検索に広告を表示させることができます。

　デメリットは、関係のない検索にも配信して、無駄クリックが発生することです。

　部分一致は、さらにターゲットを広げて配信量を増やす際や、広告開始時に使用します。イメージは次の図のような２パターンです。１つ目は、最初は広くターゲットを取り絞り込んでいくパターン。２つ目は、最初は購入につながりやすい検索に絞り配信し、成果が確認できてからターゲットを広げていくパターンです。

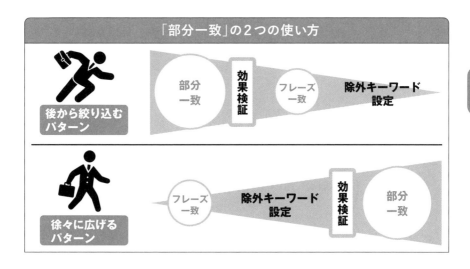

▶ キーワードの評価を確認する際は検索語句も確認

　1つの目安として「200クリック以上獲得しているのに、1つもコンバージョンしていないキーワード」は停止しましょう。しかし、1件でも成果につながっている場合は、停止するだけではなく、そのキーワードで成果を獲得した検索語句をキーワードとして追加設定しましょう。

キーワード	目標コンバージョン単価	実際の コンバージョン単価	コンバージョン数	クリック数	広告費
A	¥10,000	—	0	200	¥60,000
B		¥25,000	2	350	¥50,000

Aは停止。200以上クリックされ1コンバージョンもつかないキーワードBも停止。しかし、検索語句を確認してコンバージョンにつながったものはキーワードとして追加設定しましょう

▶ 部分一致のデメリットを最小限にする除外キーワード設定

部分一致のデメリットは、設定したキーワードと関係のない検索に
も広告が配信されてしまうことです。したがって、関係のない検索に
は広告を表示させないように設定しましょう。それが「除外キーワー
ド設定」という対策です。

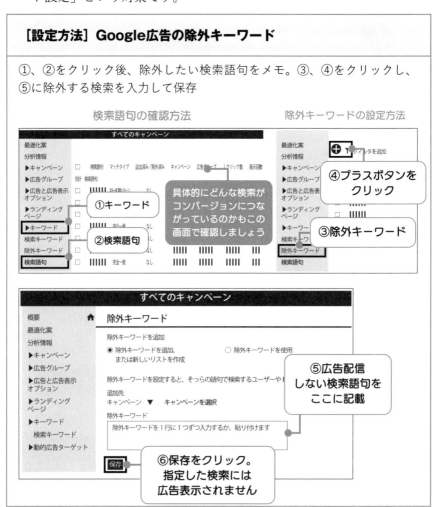

［設定方法］Google広告の除外キーワード

①、②をクリック後、除外したい検索語句をメモ。③、④をクリックし、
⑤に除外する検索を入力して保存

検索語句の確認方法　　　　　　　除外キーワードの設定方法

①キーワード
②検索語句

具体的にどんな検索が
コンバージョンにつな
がっているのかもこの
画面で確認しましょう

④プラスボタンを
クリック

③除外キーワード

すべてのキャンペーン

除外キーワード

除外キーワードを追加

● 除外キーワードを追加、　　　　　　○ 除外キーワードを使用
　または新しいリストを作成

除外キーワードを設定すると、そっらの語句で検索するユーザーや

追加先
キャンペーン ▼　キャンペーンを選択

除外キーワードを1行に1つずつ入力するか、貼り付けます

⑤広告配信
しない検索語句を
ここに記載

保存

⑥保存をクリック。
指定した検索には
広告表示されません

[設定方法] Yahoo!広告の除外キーワード

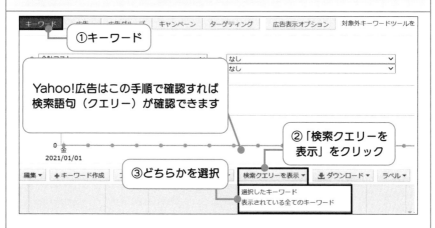

①キーワード

Yahoo!広告はこの手順で確認すれば
検索語句（クエリー）が確認できます

②「検索クエリーを
表示」をクリック

③どちらかを選択

④「キャンペーン名」を押すと「検索クエリー一
覧」という画面に飛び検索語句を確認できます

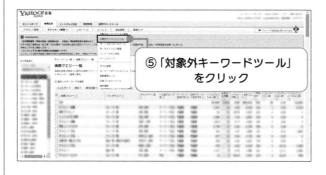

⑤「対象外キーワードツール」
をクリック

67

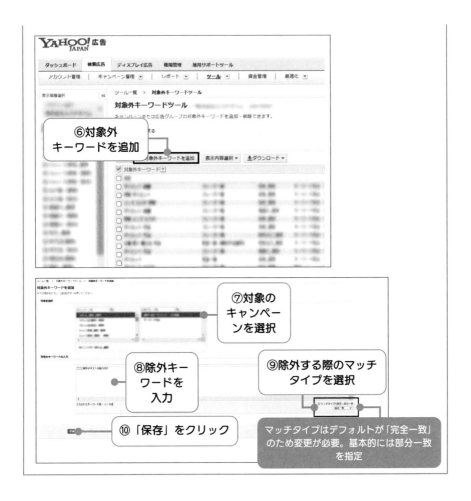

▶ フィルタ機能を使って除外設定の判断指標に

　期間を全期間にし、フィルタの検索語句という項目に、除外するか迷っているものを入力すると、入力した検索の全期間の成果を確認できます。費用対効果が目標と大きく乖離している検索語句は除外しましょう。

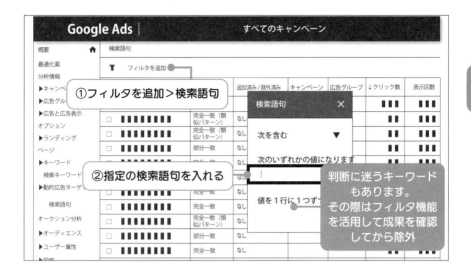

▶ マッチタイプから絞り込み部分一致を廃止

　フレーズ一致と絞り込み部分一致は、2021年7月に機能変更があ
りました。キーワードを簡素化し、目的の顧客層にリーチしやすくす
るため、フレーズ一致の動作に絞り込み部分一致の動作が組み込まれ
ます。これでフレーズ一致キーワードと絞り込み部分一致キーワード
のマッチング動作に差がなくなり、指定したキーワードの意味を含む
検索であれば、広告の表示対象となります。新しいマッチング動作で
は、語句の順序も意味を踏まえて解釈されるようです。

自動入札を使いこなして
さらなるパフォーマンス改善

自動入札を使うことで、手動ではやりきれない入札調整が行なえます。目的に合わせた自動入札を使いこなして、パフォーマンスを改善させましょう。

▶ スマート自動入札、Yahoo!広告の自動入札とは

　　Google広告の「スマート自動入札」やYahoo!広告の「自動入札」は、入札単価の調整を機械学習に基づき、きめ細やかに設定してくれる機能です。入札単価の調整はAIに任せて、運用担当者は広告文や画像、ターゲティングの精査、ランディングページの修正等に時間をかける

運用体制を作りましょう。

▶ 正確なABテストは「下書きとテスト」機能を使う

スマート自動入札の導入にあたり、従来の入札戦略と比較したい場合は、「下書きとテスト」という機能を使って、同条件で比較しましょう。

▶ スマート自動入札の配信戦略一覧

コンバージョンデータに基づいた入札戦略の中にも、さらに5つの種類があります。具体的に実現したい目標に合わせて適切なものを設定しましょう。

1 コンバージョン数の最大化

日予算で設定した広告費を利用し、最大限のコンバージョン数が得られるように入札単価が調整されます。

2 目標コンバージョン単価

目標コンバージョン単価を維持しつつ、その範囲内でコンバージョン数を最大化させたいときに選択する入札戦略です。

たとえば、目標コンバージョン単価を5,000円に設定した場合は、コンバージョン単価が平均5,000円になるように入札単価が自動的に調整されます。また、すでにアカウントにコンバージョンデータが溜まっている際は、そのデータをもとに目標コンバージョン単価の推奨値が表示されます。

3 コンバージョン値の最大化

ECサイトのように、コンバージョンが売上金額と連携できる場合に使うのがお勧めです。設定した日予算を利用し、最大限のコンバー

ジョン値（売上）が上がるように入札単価調整されます。事前にどのコンバージョンがいくらの売上につながるのか設定が必要ですが、コンバージョン数ではなく、売上の最大化を設定できます。

4　目標広告費用対効果

「使用する広告費の何倍の売上を上げるか」という目標数値の中で、コンバージョン数を最大化する入札戦略です。「コンバージョン値の最大化」同様、事前にどのコンバージョンがいくら売上につながるのか設定が必要です。

　なお、最大限の成果を得るためには、過去30日間に50回以上のコンバージョン数を獲得していると、データ量の視点から入札単価調整がうまくいくと推奨されています。

5　拡張クリック単価

　コンバージョン数またはコンバージョン値を最大化するように、クリック単価を調整します。手動入札から自動入札に移行するときにテストで使用されたりします。

▶ スマート自動入札で成果を出すポイント

　スマート自動入札を利用する際は、次の4点を意識しましょう。

1　データの分散を防ぐため、細分化されたアカウント構成にしない
2　学習に必要な広告表示に制限がかからないよう、「インプレッション損失率（予算）」がつかない日予算設定にする
3　広告の検証数を増やすため、レスポンシブ検索広告を「優良」にする
4　アトリビューションモデルの設定（次項にて紹介）

▶ スマート自動入札の注意点

1 「学習期間」について

約7日間はテストを行なっている段階なので、パフォーマンスが安定しません。したがって、7日間の成果で判断して変更しないようにしましょう。管理画面で、今は学習期間なのか、学習期間はいつまで続くのかを確認することができます。

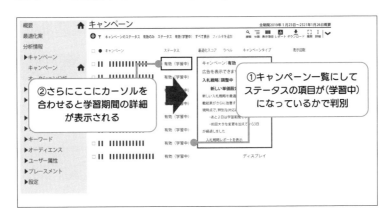

2 クリック単価の高騰に注意

スマート自動入札にすると、クリック単価が大きく上がる場合があります。

上限クリック単価が設定できないため、クリック単価は上がる傾向にあります。機械学習期間を経過すればクリック単価は落ち着くので、そこまでは様子を見ましょう。それでも成果が出ない場合は入札戦略を見直しましょう。

▶ マイクロコンバージョンを使用した自動入札戦略

コンバージョン情報を学習して最適化される自動入札においては、

データの量も大切です。コンバージョンにより近いユーザーの情報も重要なものとして取得しましょう。これをマイクロコンバージョンといいます。

　具体的にどの行動をマイクロコンバージョンと定義するかは、ビジネスモデルによってさまざまで、ECサイト、来店型ビジネスの例は以下の図の通りです。目的の1つ前のフェーズの測定が可能です。

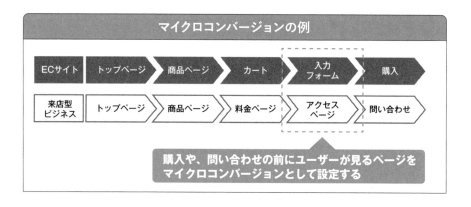

アトリビューションを設定して貢献キーワードを見極める

コンバージョンまでの経路は複数あります。直接成果につながった最後の接点だけでなく、コンバージョンに至るまでの接点に貢献度を割り当てる「アトリビューション」を使えば、課題に合わせた広告配信ができます。

▶ アトリビューションとは

　　従来はコンバージョンにつながった最後の接点だけが注目される傾向にあり、「認知に貢献した広告」や「比較検討に貢献した広告」は見落とされていました。そこで「アトリビューション」という考えが生まれました。

　　たとえば、「デニム　男性」と検索して広告からサイトに流入、一度離脱して他社のサイトで比較検討、悩んだ結果、「自社のブランド名」で検索し、広告経由で購入につながったユーザーがいるとします。この際に、「デニム　男性」という検索を流入させた広告を評価することによって、広告の成果を正しく確認することができます。

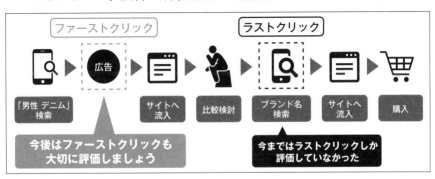

目的によって使い分けられるように、Google広告にはさまざまなモデルのアトリビューションがあります。

　デフォルト設定である「データドリブンモデル」が推奨設定です。

▌Google広告で使用できるアトリビューションモデル

項目	意味	メリット
終点モデル（ラストクリックモデル）	接点が最後の広告だけに貢献度を割り振る	成果に直接結びついたものが何か把握できる。費用対効果が合わせやすい
起点モデル（ファーストクリック）	接点が最初の広告だけに貢献度を割り振る	接点を持ったきっかけを知ることで、より商品・サービスを認知してもらうための広告配信につながる
線形モデル（リニアモデル）	接点を持った広告すべてに同じ割合の貢献度を割り振る	すべての接点を評価できる
減衰モデル	接点を持った広告すべてに貢献度を割り振る。最後に接点を持った広告に一番貢献度を割り振る	費用対効果に重点を置きつつも、認知の部分を評価できる。慎重に進めるときに有効
接点ベースモデル	接点を持った広告すべてに貢献度を割り振る。最初と最後に接触した広告に重きを置いて貢献度を割り振る	認知と最後の購入の接点を特に評価する。減衰モデルよりも認知拡大に広がっていく、攻めのアトリビューション
データドリブン	蓄積されたコンバージョンデータをもとに、貢献度の割り振りも機械学習に任せる	データに基づき、最適なアトリビューションを選択できる

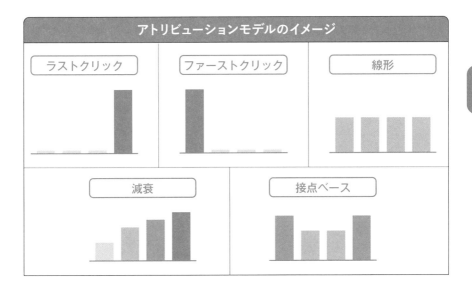

3章

検索広告
[改善・分析編]

ネット広告のいいところは、日々、改善できること
です。検索広告の改善や分析のスキルを身につける
ことで、広告の成功率は高まります。機械学習や自
動化を活用した改善・分析が、現在のトレンドです。

基礎

広告の品質を上げて
成果を最大化させる

広告の品質を上げることで費用対効果の高い広告配信を行ないましょう。各広告媒体が設けている基準に基づいて広告の評価を確認し、改善しましょう。

▶ 広告の評価を数値で確認できる「品質スコア」と「品質インデックス」

　　Google広告には「品質スコア」、Yahoo!広告には「品質インデックス」という項目があり、1〜10の数値で評価されます。この数値は広告アカウント上で確認でき、定量的に広告の評価を計ることができます。

　　ユーザーが検索すると、さまざまな企業が設定しているキーワードがリストアップされ、オークションがはじまります。

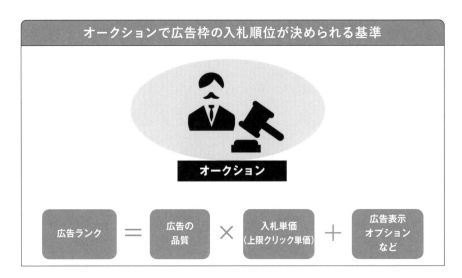

「広告ランク」は、管理画面上で見ることができないものです。したがって、「広告の品質」を指し示す「品質スコア」、「品質インデックス」を管理画面上で確認しながら改善していくことになります。改善できれば、検索上部の広告枠を入札しやすくなります。よって、品質スコア、品質インデックスの確認と改善が重要なのです。

▶ 広告の評価を高める品質スコア改善

品質スコアを構成する項目は、具体的に次の3つに分類できます。

項目	要約	対策例
広告の関連性	表示された広告が、ユーザーの検索している内容と直接関係しているか	検索語句と広告文を照らし合わせ、検索意図に沿っていない箇所を確認。除外設定か、キーワードのマッチタイプを狭めて、検索語句と広告文が合うように調整する
ランディングページの利便性	サイトに流入したユーザーが、目的の情報をどのくらい簡単に見つけられるか	「ページスピードインサイト」というツールを使い、ランディングページのスピードを改善する。どのデバイスでもサイトが見やすくなっているか確認、修正を行なう
推定クリック率	広告がクリックされる可能性を示す指標	検索語句を確認したうえで、広告文のブラッシュアップ、ABテストを実施

広告費を多く使用しているキーワードから優先的にこの3つの指標を改善していくといいでしょう。広告表示の機会損失が少なくなり、コンバージョン獲得単価の改善にもつながります。

☑ ●	キーワード	単価	直帰率	表示回数	クリック率	クリック数	↓費用	コンバージ	検索広告の	品質スコア	ランディングページの利便	推定クリック	広告の関連性
☑ ▮▮ ▮▮▮▮▮▮▮▮▮▮▮		0.115	58.24%	7,242	14.47%	1,048	¥229,297	2.16%	30.85%				
☑ ▮▮ ▮▮▮▮▮▮▮▮▮▮▮		8.151	59.34%	3,117	13.51%	421	¥94,138	2.74%	27.42%	6/10	平均より上	平均的	平均より上
☑ ▮▮ ▮▮▮▮▮▮▮▮▮▮		1.854	59.31%	2,439	13.04%	318	¥69,166	1.83%	29.51%	8/10	平均より上	平均的	平均より上
☑ ▮▮ ▮▮▮▮▮▮▮▮▮							¥37,584	1.54%	35.95%	6/10	平均より上	平均的	平均より上
☑ ▮ ▮▮▮▮▮▮▮							¥16,379	1.90%	57.87%	6/10	平均より上	平均的	平均より下
☑ ▮ ▮▮▮▮▮							¥9,644	2.42%	45.93%	7/10	平均より上	平均的	平均的
☑ ▮ ▮▮▮							¥1,399	0.00%	29.41%	7/10	平均的	平均より上	平均的
☑ ▮ ▮▮							¥985	0.00%	45.07%	9/10	平均より上	平均的	平均的

> 費用にソートをかけ、
> トップ10の品質スコアが7以上
> であればよい数値です

▶ 品質スコア改善施策のよくある誤解

　「広告の関連性」という指標は、キーワードと広告の関連性だと誤解されがちですが、正確には「ユーザーの検索している内容と広告が一致するか」です。したがって、検索語句の確認のほうが重要です。特に、部分一致キーワードを広告文に含めたら解決すると誤解する場合が多いので、注意が必要です。

▶ Yahoo!広告の改善指標は品質インデックス

　品質インデックスは、広告の関連性と、キーワードに紐づく広告がクリックされるかを予測し、算出されます。

　品質インデックス改善のおもな手法は3つあり、「広告文の訴求内容を変える」「キーワードと広告の関連性を上げる」「掲載順位が低くクリックされない状態を改善する」ことです。これらの施策でクリックされやすい広告を作ることが品質インデックス改善につながります。

　他にも、広告表示オプションの設定はお勧めです。広告枠が大きくなるのでクリックされやすい広告を作ることができます。

ユーザーごとに自動調整される広告文を作成する

Google広告では「広告カスタマイザ」、Yahoo!広告では「アドカスタマイザ」という機能があります。ユーザーに適した広告文を配信できるのが大きなメリットです。

▶ 広告カスタマイザで期待できるメリット

　広告カスタマイザという機能を使うと、ユーザーに合わせて広告文が自動で変更されます。そのため、クリック率の高い広告が作成できるのがメリットです。商品数が多いアカウントや、期間限定キャンペーンを実施するアカウント、店舗が複数あるアカウントにメリットがあります。一度作成すればその後の大きなメンテナンスは必要ありません。

　具体的には、広告カスタマイザ、アドカスタマイザで次のようなことを自動で変更することができます。

・キーワードごとに広告文を変更
・ユーザーの現在地や関心のある地域に合わせて広告文を変更
・スマホとその他のデバイス（PC・タブレット）で広告文を変更
・曜日と時間ごとに広告文を変更
・カウントダウンに合わせて広告文を変更

▶ ユーザーの位置情報に合わせて広告文を変更する

　たとえば、「横浜」と「川崎」でユーザーが「レストラン」と検索

した際に、横浜にいるユーザーには「横浜駅直結」と表示され、川崎にいるユーザーには「川崎駅直結」という広告を表示させることができます。自分が今いる地域の情報が表示されるのはユーザーにとって魅力的な広告文といえるでしょう。他の方法でこの地域に合わせた広告文を作成しようとすると、複数キャンペーンを作成することになり、データが分散した機械学習に適さないアカウント構造になります。工数削減のためにも広告カスタマイザの使用をお勧めします。

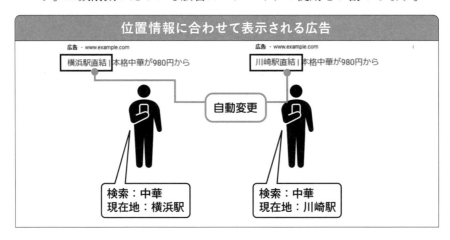

キャンペーンの残り期間を自動的に表示させる

セールの残り時間をカウントダウンすることも可能です。残りの期間を表示することで駆け込み需要を獲得できるでしょう。広告カスタマイザに設定すれば下記のような広告文の自動変更も可能です。

▶ キーワードごとに広告文を変えて表示させる

たとえば、黒いデニムを探しているユーザーが、「デニム 黒」と検索した場合に、広告文を「黒のデニムがお得」という内容で表示させることができます。

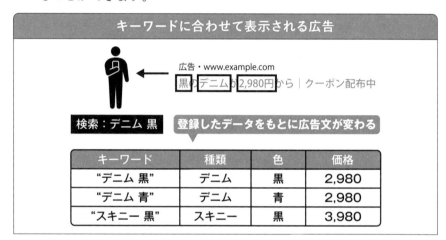

キーワードに合わせて表示される広告

広告・www.example.com
黒のデニムが2,980円から｜クーポン配布中

検索：デニム 黒　　登録したデータをもとに広告文が変わる

キーワード	種類	色	価格
"デニム 黒"	デニム	黒	2,980
"デニム 青"	デニム	青	2,980
"スキニー 黒"	スキニー	黒	3,980

▶ 広告カスタマイザの設定の流れ

広告カスタマイザは、大きく下記の3ステップで作成できます。

1　フィードを作成する（Excelに自動変更させる元データを用意）

2　フィードを広告管理画面にインポートする

3　フィードのデータと連携する広告文を作成する

例として、Google広告のキーワードごとに自動的に変わる広告文の設定方法を紹介します。

[設定方法] 広告カスタマイザ

❶ フィードを作成する（Excelに自動変更させる元データを用意）

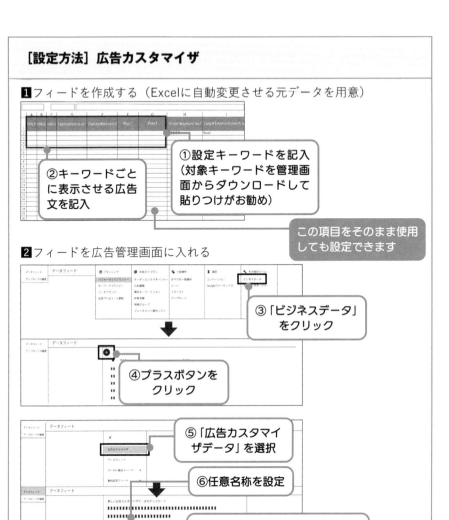

②キーワードごとに表示させる広告文を記入

①設定キーワードを記入（対象キーワードを管理画面からダウンロードして貼りつけがお勧め）

この項目をそのまま使用しても設定できます

❷ フィードを広告管理画面に入れる

③「ビジネスデータ」をクリック

④プラスボタンをクリック

⑤「広告カスタマイザデータ」を選択

⑥任意名称を設定

⑦作成したExcelをアップロード

⑧「適用」をクリック

3 フィードデータと連携する広告文を作成する

Yahoo!広告も同様の流れで設定できます。ユーザーの検索意図に沿う広告を設定し、広告をきめ細やかに配信しましょう。

▶ 広告カスタマイザ、アドカスタマイザが動かないケース

以下に該当する場合は、広告カスタマイザ、アドカスタマイザがエラーになり配信できません。

1 1つの広告グループに通常広告がなく、カスタマイザ広告しか設定していない場合
2 制限文字数を超えている場合
3 フィードにキーワードを登録していない場合

設定してもうまく配信されない場合、まずこの3点を確認しましょう。

▶ 広告カスタマイザと組み合わせてキーワードごとにLPを変更する

商品ページ数が多い場合は、広告文だけではなくランディングページ（LP）もキーワードごとに変更するといいでしょう。検索意図と広告文とランディングページを一致させることが、費用対効果を高めるポイントです。

下の図のように「最終ページURL」の鉛筆マークをクリックすると、キーワードごとにランディングページを変更できます。Yahoo!広告も同様に、キーワードごとにリンク先を変更できます。

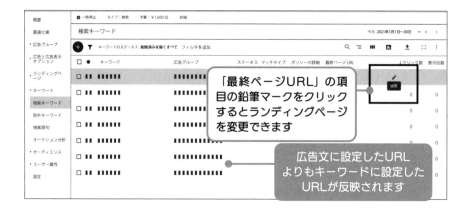

基礎

オークション分析で
ライバルの配信状況を把握する

Google広告には競合とのオークション状況を確認できる「オークション分析」という機能があります。成果に大きな変化が起きた際などに競合企業の配信状況を確認します。

▶ オークション分析で広告の競合状況がわかる

　広告を運用する中で、成果が大きく悪化する場面があります。悪化する要因の1つが、競合の広告配信状況の変化です。競合の広告配信状況を把握できる「オークション分析」という機能を使えば、重複率の高い競合との優位性を訴求できているのかを確認することができます。

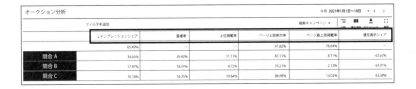

　オークション分析で、次ページの6つの指標を確認することができます。

■オークション分析でわかること

指標	指標の意味	わかること
インプレッションシェア	「広告が表示された回数」÷「広告が表示される可能性があった推定割合」	設定しているキーワードに対してどれくらい機会損失があったかがわかる
重複率	自社と他社の広告が同時に表示された割合	よく比較検討されている競合がわかる
上位掲載率	自社の広告より上位に表示された割合	自社よりどのくらい上位に掲載されているかわかる
ページ上部表示率	ページ上部に表示された割合	広告枠の上位に表示されているかわかる
ページ最上部表示率	掲載結果の最上部（一番上）に掲載された割合	広告枠の1番上に表示されているかわかる
優位表示シェア	他の広告主より上位掲載された割合。または自社の広告のみ掲載された割合	自社の広告が競合よりどれだけ上位表示されているかわかる

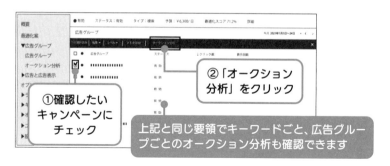

①確認したいキャンペーンにチェック

②「オークション分析」をクリック

上記と同じ要領でキーワードごと、広告グループごとのオークション分析も確認できます

▶ 具体的な活用方法

　　自社の優位性が訴求できているかを確認する際は、まず重複率の高い順に並び換えます。もっとも重複率の高いサイトは、自社と比較・検討されている可能性が高い競合です。サイトを確認して、この競合に対する優位性や、異なる強みを訴求できているかを確認しましょう。実際に検索して、競合の広告文と比較してみるのもお勧めです。競合と比較して自社の強みを訴求していきましょう。

来店計測で
広告効果を確認する

来店型のビジネスをしている方は、来店したお客様のデータを広告管理画面上でも確認できます。広告がどれだけ来店に貢献しているか確認しましょう。来店者の情報をもとに広告を最適化させることもできます。

すでにお伝えしている通り、ネット広告は問い合わせ予約や購入など、さまざまな成果を数字で把握できることが特徴の1つです。

一方で、店舗に問い合わせをせずに来店する方もいらっしゃいます。その際、「来店コンバージョン」という指標を活用すれば、来店が広告による成果なのかどうかを確認することができます。

以前はこのような指標はなかったのですが、下の図のように「実店舗への来店」という項目が広告アカウント上で確認できるようになりました。お客様が広告をクリックしてから店舗に来店している場合は、この数値がカウントされます。

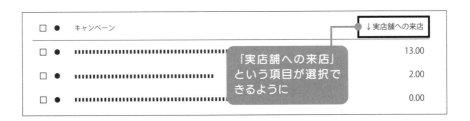

▶ 来店コンバージョン取得の流れと精度

来店コンバージョンは、Googleのシステムを利用して次ページ図

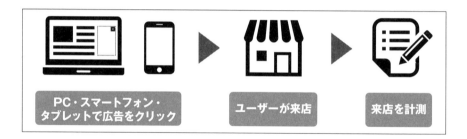

PC・スマートフォン・タブレットで広告をクリック　　ユーザーが来店　　来店を計測

のような流れで記録されていきます。

　店舗の前を通っただけのユーザーに対しても来店計測がつくようなことはなく、実際に来店した人のデータのみが記録されます。

　スマートフォンを開き、Googleマップのスポットという箇所を確認してみると、自動的に訪れた場所が記録されています。店舗の前を通っただけでは記録されず、精度の高い来店記録を取得していることが確認できます。

▶ 来店コンバージョンの要件

　来店コンバージョンを使用するには、Googleマイビジネスのアカウントのオーナー確認が完了していることと、住所表示オプション、

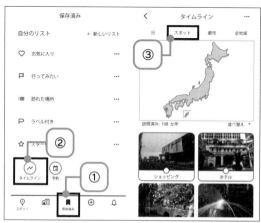

またはアフィリエイト住所表示オプションを設定していることが必須条件です。なお、ヘルスケア、宗教、アダルトコンテンツ、子供に関連するビジネスはデリケートな情報であると判断され、来店コンバージョンの取得ができません。

　最後に、広告のクリック数やインプレッション数と実店舗への来店数が十分にあることが設定条件とされています。具体的なデータ数は公開されていないため、確認できないアカウントもあります。

▶ 自分で作れる来店コンバージョン「カスタマーチェックイン」

　来店コンバージョンが使用できない場合は、自社でそれに近いものを作成することができます。サイトを見た人にアンケートの記入を依頼し、コンバージョンとなるページに流入してもらうと、過去にクリックした広告にコンバージョンデータが溜まります。

　このような形で、実際に来店されたということを確認することで広告の効果を正しく把握することができます。

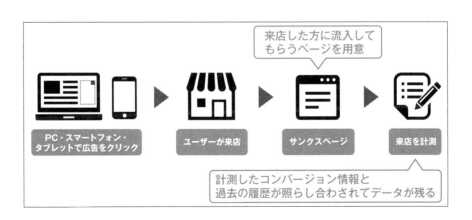

来店した方に流入してもらうページを用意

PC・スマートフォン・タブレットで広告をクリック　ユーザーが来店　サンクスページ　来店を計測

計測したコンバージョン情報と過去の履歴が照らし合わされてデータが残る

地域ごとのパフォーマンスを確認する

費用対効果の改善のため、成果が出ていない地域への広告配信を停止することがあります。数値に基づいて優先的に配信すべき地域を見極める方法をご紹介します。

　　ある地域からは多数コンバージョンにつながっている一方、コンバージョンにつながらない地域というのもあります。たとえば、来店型ビジネスなら店舗から遠いエリアの費用対効果は悪くなりやすく、気温が売上を左右するビジネスは北海道、沖縄などエリア別で広告の成果が変動することがあります。

　　広告の費用対効果を向上させるためにチェックすべきものの1つが、地域ごとの成果です。特に、以下のようなケースで調整が必要です。

▶ 配信地域設定で調整が必要なケース

1　人口が多い都市が近くにあるために、意図する地域に広告を配信できていないケース

　　この場合は、近隣エリアの除外設定をしましょう。右の図のように配信と除外の両方を設定することができるのですが、除外設定が優先して反映されます。

　　たとえば「八尾市に集中して配信したいが、地域別の結果を見ると、東大阪市、大阪市にも広がっている」ケースがあります。その場合は除外設定を活用しましょう。

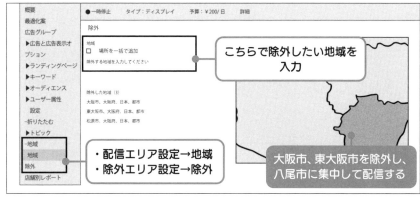

2 問い合わせや購入につながっているデータを確認して入札単価調整

売上につながっている地域からの流入数を増やしたいときに使用します。広告が上位に掲載されやすくなり、サイトに流入するユーザー数の増加が見込めます。成果につながっていない地域は、配信エリアを停止する形で調整しましょう。

▶ 地域名とビッグキーワードをかけ合わせたGoクエリ獲得用キーワードを追加

ビッグキーワードと掛け合わせる形で〝エリアキーワード ビッグキーワード〟(フレーズ一致)を作ってアカウントに登録すると、成果につながりやすい検索に対して効率的に広告配信ができます。

Goクエリとは、地域名を含む検索のことを指します。「どこで商品・サービスを購入するか」を検討中の人が使う傾向にある検索なので、お勧めです。

▶ 配信エリア設定でできること

　　配信エリア設定をどこまで細かくコントロールできるのかも把握しましょう。下記がGoogle広告、Yahoo!広告の配信エリア設定で可能なことです。

	Google広告	Yahoo!広告
国名での指定	○	日本のみ
県名での指定・市区町村名でのエリア指定 （一部対応していない地域もあります）	○	○
Googleマップを操作してピンを立てる形でエリア指定	○	―
地名、郵便番号、特定の店舗や施設から半径○kmと指定	○	―

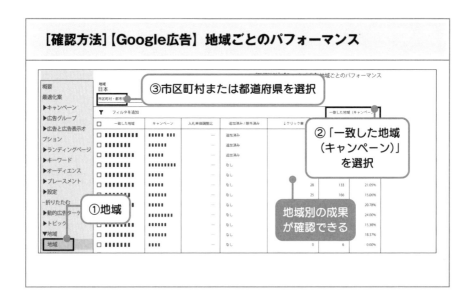

［確認方法］【Yahoo!広告】地域ごとのパフォーマンス

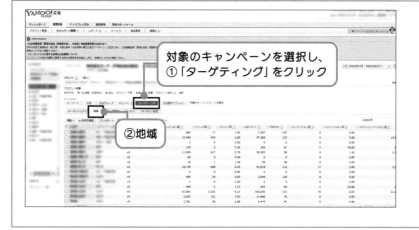

対象のキャンペーンを選択し、
① 「ターゲティング」 をクリック

② 地域

最適化案と最適化スコアで改善策を実行する

Google広告には、よい結果を出すための設定がなされているかがわかる「最適化案」機能があります。最適化スコアという数値で評価されているのでわかりやすいです。提案を取り入れながら運用しましょう。

▶ 最適化案、最適化スコアとは

最適化案というタブを開くと、以下のような画面が表示されます。Google広告がさまざまな視点から必要な改善施策を提案してくれる機能です。「適用」というボタンを押すだけで設定が完了するものがほとんどです。アカウントの確認をするタイミングでこの項目も確認しましょう。最適化スコアとは、最適化案のスコアを100%で表示します。

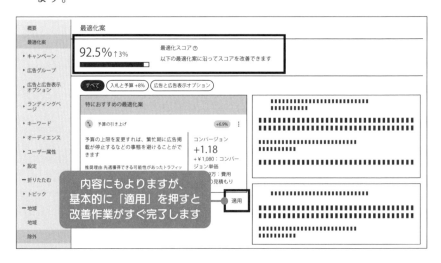

▶ 最適化案の表示の仕組み

　最適化案は、統計情報、設定、アカウントとキャンペーンのステータス、利用可能な最適化案の効果、最近の最適化履歴に基づいて計算されます。現在のアカウント状況を確認したうえで対策事項がリストアップされるので非常に便利です。

▶ 最適化案の種類

　Google広告には70種類以上の最適化案が存在します。たとえば、広告の微調整や、新しい広告の作成提案。ターゲットの拡張提案や、不承認を受けた広告文の修正提案などが表示されます。アカウントの拡張提案の際は、シミュレーションも含めて提案してくれます。

▶ 最適化案の注意点

　課題を見つけ、すぐに対応できる最適化案ですが、必ずしも100%をめざせばいいということではありません。実施しない判断が必要な場合もあります。実施は義務ではなく、あくまで非常に高性能な改善施策の候補を出してくれる機能だと認識し、実施は運用者が判断しましょう。

Yahoo!広告は最適化タブから確認

基礎

広告プレビューと診断ツールで
広告配信状況を把握する

広告プレビューツールで、どのように広告が表示されているかを確認できます。実際に検索しても配信地域の問題上自分には広告が表示されないケースや、一緒に配信されている競合の広告文の把握などで使います。

広告配信後、きちんと表示されているかどうかを確認するために、キーワードを検索して、自社の広告を確認することがあるかもしれません。使用するデバイスによっては広告の表示状況が異なることもあります。

配信状況を確認する際は、広告プレビューツールを使いましょう。以下のことを把握することができます。

▌広告プレビューツールでできること

項目	Google広告	Yahoo!広告
インプレッションを発生させないで広告を確認	○	○
広告表示されない原因の確認	○	—
日本語以外の広告掲載画面の確認	○	—
デバイス別の表示確認	○	○

▶ 広告プレビューツールを広告文作成に活かす

広告プレビューツールは、広告文の作成にも活用できます。あるキーワードで表示される競合と自社の広告文を比較し、自社の優位性を訴求できているかを検証して広告文をリライトしましょう。

コンバージョン数が多いグループの広告から優先的にブラッシュアップしていくことで、成果へのインパクトが大きくなります。

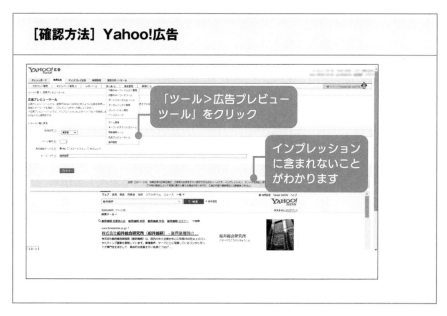

101

応用

無料のツールを活用して分析の精度を上げる

無料ツールを使って分析の精度を上げられます。たとえばGoogleAnalyticsと連携させて行動指標を確認する方法などがあります。コンバージョンデータ以外にも活用できるデータを積極的に利用しましょう。

▶ 「GoogleAnalytics」を使い、広告経由で流入したユーザーの行動数値を確認

　管理画面上の成果はコンバージョンで見ますが、コンバージョンが参考にならない場合や、なぜ低いのかを分析する際は、サイト流入後の行動指標が参考になります。

　コンバージョン率が低い原因がサイトの中身ではなく、そもそもサイトに流入させるユーザーが適切でない場合、「平均セッション継続時間（秒)」が短かったり、直帰率が高かったりする傾向にあります。実際に行動数値が悪いキーワードの検索語句を見ると、検索意図とランディングページがずれていることが多いのです。

　長期的に「直帰率」「平均セッション継続時間（秒)」が短いキーワードは、キーワードのマッチタイプを狭くすることや、除外キーワード設定、ランディングページの変更、キーワードの停止などを検討しましょう。

　なお、Google広告に追加できる指標は、「直帰率」「セッションあたりのページビュー数」「平均セッション継続時間(秒)」「新規セッション率」の４つです。キャンペーン別、広告グループ別、キーワード別、広告

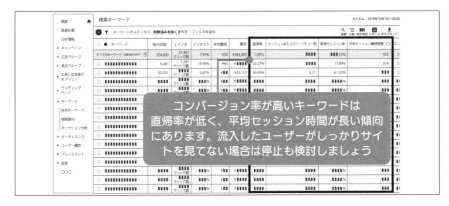

コンバージョン率が高いキーワードは
直帰率が低く、平均セッション時間が長い傾向
にあります。流入したユーザーがしっかりサイ
トを見てない場合は停止も検討しましょう

別にこれらの指標を確認します。たとえば、成果につながっているキーワードと比較してみると、成果につながらないキーワードはこの数値が大きく乖離していることが多いので、確認してみましょう。

▶ 「サーチコンソール」を使い、自然検索で獲得できていないユーザーに広告を配信する

　自然検索（SEO）からの検索結果を確認できる「サーチコンソール」という分析ツールを、Googleが無料で提供しています。

「検索パフォーマンス」
をクリック

自然検索のデータが
確認できる

活用方法は「表示回数」にソートをかけ、下の図のような「表示回数は多いが掲載順位の低い検索」を見つけましょう。検索キーワードを確認し、この検索がDoクエリやGoクエリ、Buyクエリであれば、広告配信してみましょう。配信して成果につながった場合は、この検索に対するSEO対策を実施することで、さらに成果につながるセッションを獲得できるサイトになります。未来への種まきにもなるので、積極的に活用しましょう。

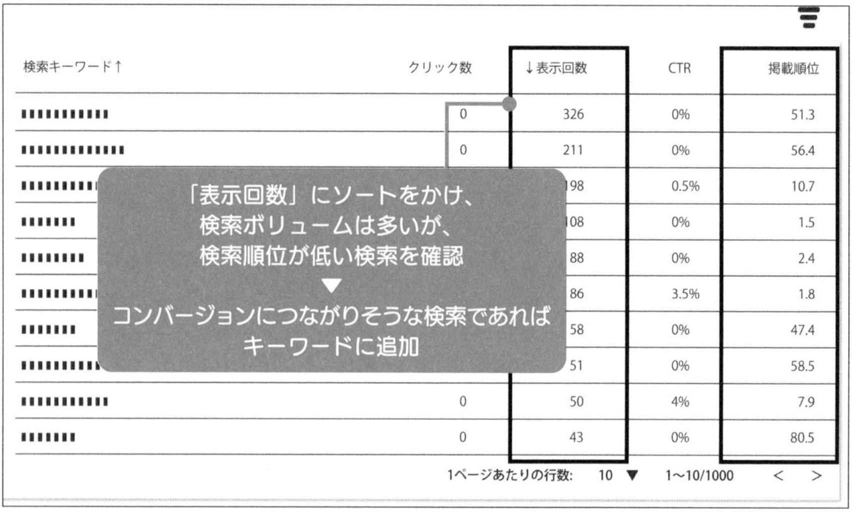

検索キーワード ↑	クリック数	↓ 表示回数	CTR	掲載順位
▪▪▪▪▪▪▪▪▪▪	0	326	0%	51.3
▪▪▪▪▪▪▪▪▪▪▪	0	211	0%	56.4
▪▪▪▪▪▪▪▪▪▪		198	0.5%	10.7
▪▪▪▪▪▪▪		108	0%	1.5
▪▪▪▪▪▪▪▪		88	0%	2.4
▪▪▪▪▪▪▪▪		86	3.5%	1.8
▪▪▪▪▪▪▪		58	0%	47.4
▪▪▪▪▪▪▪		51	0%	58.5
▪▪▪▪▪▪▪▪▪▪	0	50	4%	7.9
▪▪▪▪▪▪▪	0	43	0%	80.5

「表示回数」にソートをかけ、
検索ボリュームは多いが、
検索順位が低い検索を確認
▼
コンバージョンにつながりそうな検索であれば
キーワードに追加

1ページあたりの行数: 10 ▼　1～10/1000　< >

※2023年7月1日以降、GoogleAnalytics（UA）の計測ができなくなり、GoogleAnalytics4への移行を推奨しています。

広告不承認や
エラーへの対応

ネット広告の運用をはじめた当初は、リンク先が不承認になり広告が配信されない、広告費が足りず途中で広告が停止されるなど、不測の事態が多く発生します。早く異常に気づき、対応できるようにしましょう。

　　ネット広告の運用で起こりやすいミスは、大きく2つに分けられます。1つ目は、広告が配信できていないこと。2つ目は、意図しない広告を配信することです。最初は広告の管理画面は複雑に感じるかもしれませんが、ミスを防ぐ視点も持って広告を運用しましょう。

▶ まずは広告配信できていないことにいち早く「気づける体制作り」

　　Google広告、Yahoo!広告は、設定すればメールで異常を通知させることができます。初期設定の段階で反映されていることが多いのですが、あらためて確認する際は下の図のように行ないましょう。

［設定方法］【Google広告】エラー等の通知設定

通知設定を編集
アカウントで受け取る通知の内容を設定できます。詳細

通知限定:semla.bag@funaisoken.co.jp

①ツールと設定

③通知

④ここにメールアドレスを入力する

②各種設定

どのような内容のメール通知を受け取るかを選んでください

メール設定

すべて受け取る

すべて受け取る

すべて受け取る

[設定方法]【Yahoo!広告】エラー等の通知設

①キャンペーン一覧の画面から「一覧」をクリック

③画面が切り替わったら「メールを受け取る」にチェック

②メール配信設定

▶ ヘルプサポートの活用とミスを繰り返さない仕組み作り

確認してもエラーの原因がわからない場合は、ヘルプデスクに連絡しましょう。Google広告、Yahoo!広告ともに、運用中のアカウントを確認したうえで原因と対応方法を教えてくれます。

人が作業をする以上、ミスをゼロにすることはできないでしょう。チェックリストなどを活用し、同じミスを起こさない工夫も大切です。

チェックリストの例		
内容	担当者チェック	ダブルチェック
地域設定に漏れや誤りはないか		
配信時間は適切か		
配信する広告クリエイティブは問題ないか		
配信予算は適切か		
広告文に誤字脱字はないか		
最終リンクURLに間違いはないか		

さまざまなケースが考えられますが、
新規キャンペーンを作成する際にミスが発生しやすいので、
新規キャンペーン作成時はこのようなチェックリストを活用すると安心です

限られた予算でも
成功した事例

Google広告、Yahoo!広告ともに、少額からはじめることができます。
月5万円から広告をはじめ、売上アップを実現した企業の例をご紹介します。

▶ 月額5万円からはじめたアカウントの成果

　広告費を増額することで、売上を増やすことができた事例をご紹介します。下の図は、検索広告から配信し、売上アップを実現したアカウントの運用数値です。広告費を増やしてもコンバージョン単価は変わらず、コンバージョン数が増えている点にご注目ください。

　広告を配信し、下のグラフのような成長をめざしましょう。

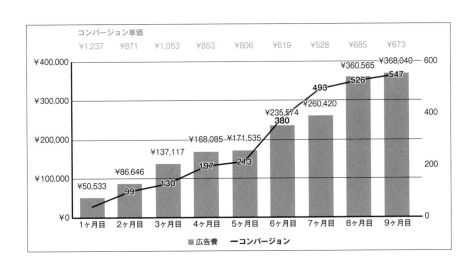

▶ 運用初月〜3ヶ月目で実施したこと

□配信エリアは全国

□年齢層をメインターゲットに絞り、完全一致キーワードを中心に配信

□日予算を上げる

□成果のいいキーワードをフレーズ一致にして追加する

　全体の成果はよい状態でした。しかし、中には成果の悪いキーワードもありました。成果の悪いキーワードは停止し、成果のいいキーワードに予算が配分されるように調整していきました。さらに、検索語句を確認し、売上につながらないと判断した検索語句は除外設定を行ないました。そのうえで、日予算を上げて広告配信量を増やしました。

　配信結果を見ながらスマート自動入札を導入しています。コンバージョンデータも溜まり、機械学習が行なえる環境を作れたと判断し、目標コンバージョン単価に変更しました。

▶ 運用4ヶ月目〜8ヶ月目で実施したこと

　4ヶ月目以降、さらに広告費を増額し、以下の変更を実施しました。

□部分一致キーワードの追加

□DSA広告の配信（DSAは商品カテゴリを包括するページを指定）

□広告文の修正、キーワードごとにランディングページを変更

□成果の悪いキーワードの停止、除外キーワード設定

□成果のいいキーワードはマッチタイプを広げて設定

□Yahoo!広告にも広告配信を開始

□ディスプレイ広告のリマーケティング配信

※DSA広告（DSA：Dynamic Search Ads）とは、検索広告の機能の1つ。サイトのコンテンツを読み込み、検索語句と関連性の高い広告が自動作成される。

これらの変更によって、よい成果が実現でき、配信した商品が魅力的だったことも確認できました。

成果を確認・分析した上で積極的に配信を拡大しましょう。

▶ まとめ

実施したほうがいいことは、以下の3つにまとめられます。

1 成果につながる検索には積極的に投資する

具体的には、キーワードのマッチタイプの拡張や、DSAの配信、広告媒体を増やすことがあげられます。

2 成果につながらない検索への配信はやめる

具体的には、キーワードの停止や除外キーワード設定がメインの変更になります。その他改善できる主要な項目としては次ページの表の項目があげられます。配信したデータを見ながら改善していきましょう。成果につながるところに配信を傾け、成果につながらない配信にコストをかけないアプローチが大切です。

3 広告文、ランディングページをブラッシュアップする

検索広告では、キーワードの変更や入札単価をいくらに設定するかに目が向きがちですが、どのようなメッセージをユーザーに訴求するかでコンバージョン率、クリック率が変わります。よりユーザーの購入を促せるようなクリエイティブを作り込んでいきましょう。

■ 検索広告で改善できる主な項目

項目	拡大施策の例	絞り込み施策の例
キーワード	・マッチタイプの拡大 ・キーワードの追加 ・DSA、DASの配信	・キーワード停止 ・マッチタイプの縮小
検索語句	―	・除外キーワード設定
デバイス	・入札単価を○％上げて上位表示	・除外設定
年齢／性別		
時間／曜日		
地域		
世帯収入		
子供の有無		
ユーザーリスト	・入札単価調整	・指定した興味関心を持つ人にだけ広告を配信 ・一度サイトに訪れた人にだけ広告を配信

売上の最大化のために
確認したい5つのポイント

目標のコンバージョン単価を達成できた後に実施することは、コンバージョン数の最大化です。目標の費用対効果の範囲内で広告費を増やし、コンバージョン数を増やすことで売上アップを実現しましょう。

▶ 目標の費用対効果の範囲内で配信できた際に検討すること

　　売上を右肩上がりに増やしていくには、新規セッション数の増加が不可欠です。なぜなら、新規セッションが増えることで顧客数を増やすことができるからです。どの段階の新規セッション数を増やすのか、下の図を参考に確認しましょう。

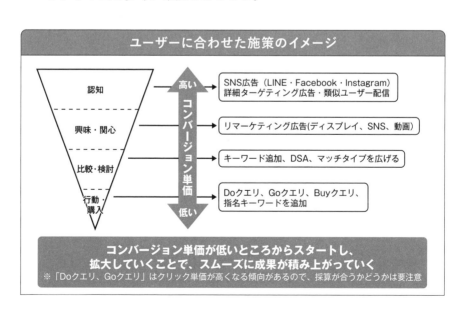

ユーザーに合わせた施策のイメージ

認知	→ 高い	SNS広告（LINE・Facebook・Instagram） 詳細ターゲティング広告・類似ユーザー配信
興味・関心	コンバージョン単価	リマーケティング広告(ディスプレイ、SNS、動画)
比較・検討		キーワード追加、DSA、マッチタイプを広げる
行動・購入	低い	Doクエリ、Goクエリ、Buyクエリ、 指名キーワードを追加

コンバージョン単価が低いところからスタートし、拡大していくことで、スムーズに成果が積み上がっていく
※「Doクエリ、Goクエリ」はクリック単価が高くなる傾向があるので、採算が合うかどうかは要注意

111

1 インプレッション損失率（予算）を確認

インプレッション損失率が大きいほど、コンバージョン数を増やせるチャンスです。インプレッション損失率（予算）とは、検索された際に広告費が足りず、満足に広告表示ができない割合を示す数値です。裏を返すと、広告費を増額することで機会損失を防げます。

2 部分一致を使用しているかを確認

成果につながっているキーワードの部分一致を配信してみましょう。

3 DSA、DASの配信がされているかを確認

自動でのターゲティング設定になります。サイト内の情報を読み取るので、商品数が多いほど成果につながりやすいといえます。

4 スマート自動入札、自動入札戦略の導入

入札調整を機械学習に任せて成果を最大化させましょう。

5 ディスプレイ、ファインド、動画、ショッピング、SNS広告等を配信

検索広告以外の広告配信をすることで、認知から行動・購入までの幅広いユーザーにアプローチすることができます。

4章

ディスプレイ広告

ディスプレイ広告とは、おもに画像や動画を使い訴
求できる広告です。潜在層へのアプローチを得意と
し、サイトやアプリなど数多くの配信面に配信でき
ることが最大の魅力です。この章では、Google広
告、Yahoo!広告を使用したディスプレイ広告の活
用方法を解説します。

ディスプレイ広告を使ってビジネスを拡大させる

ディスプレイ広告とは、サイトやアプリ上の広告枠に表示される画像や動画を使用した広告です。検索広告とは異なり、ニーズが顕在化していないユーザー（潜在層）に広告を配信できることが特徴です。

▶ ディスプレイ広告とは

　　ディスプレイ広告とは、サイトやアプリ上の広告枠に表示される、画像や動画を使用した広告のことを指します。カスタマージャーニーに当てはめると、未認知層や、興味・関心を持っている層に対して配信したい際に有効な手法です。Googleディスプレイ広告は、200万以上のサイトやアプリで構成されるネットワークに広告枠として表示され、インターネットユーザーの90％をリーチ範囲に収めることができます。インターネット上に多くの掲載場所が確保されているため、多くのユーザーにアプローチできる広告媒体です。

▶ ディスプレイ広告の５つの特徴

　　ディスプレイ広告の大きな５つの特徴を、検索広告との違いを中心にご説明します。

1　掲載場所

　　ディスプレイ広告はサイトやアプリの画面上に配置された広告枠に表示されます。対して検索広告は、検索結果の画面上部に表示されます。

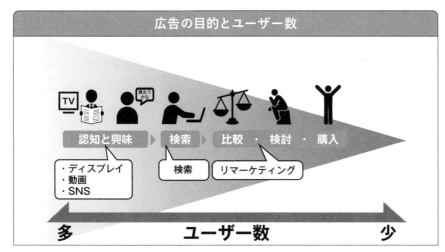

2 広告の表示形式

　ディスプレイ広告と検索広告では、表示形式も異なります。検索広告ではテキストのみが表示されるのに対して、ディスプレイ広告は画像や動画も表示させることができます。文字だけでは伝えきれない自社の商品やサービスの魅力を伝えることができるので、自社をブランディングしたい際や、潜在的な顧客の興味を引き起こしたい際にディスプレイ広告が適しています。

3　クリック単価

　ディスプレイ広告は、検索広告に比べてクリック単価が安いことが特徴です。設定条件によりますが、検索広告では1クリック300円のところ、ディスプレイ広告は1クリック30〜50円ほどで獲得できます。同じ広告予算でも数多くのユーザーをサイトに誘導させることが可能です。

4　アプローチするユーザー

　検索広告はユーザーが検索した際に表示される広告です。対してディスプレイ広告は、ユーザーの興味・関心に基づき、閲覧しているサイト、アプリに表示されます。したがって、「今欲しい」「今気になる」という心理状況に関係なく表示される広告といえます。

　広告からサイトに流入した後、購入につながる確率は検索広告のほうが高いのですが、その分クリック単価はディスプレイ広告のほうが安いので、最終的なコンバージョン単価で見ると、検索広告と比較し、同等の成果が見込めます。

5　ターゲティング手法

　検索広告は広告を配信する検索語句を指定します。一方、ディスプレイ広告はサイトやユーザー層を指定して広告を配信します。母数の大きい潜在ターゲット層にアプローチすることができます。また、潜在ターゲットといっても、すべての人に配信するものではなく、ディスプレイ広告の利点である「興味・関心」指定を活用できることがポイントです。

▶ ディスプレイ広告はいつ使うのか

ディスプレイ広告を使うタイミングは、おもに次の2つです。

1 検索広告やSEO（自然検索）からコンバージョンが発生している場合

何かを探している人、調べている人への配信は、検索広告やSEO対策などで問い合わせを獲得します。すでに販売や問い合わせが獲得できることを確認したら、次は認知層を増やしてコンバージョンを増やすことをめざします。もしこのケースに当てはまる場合は、ディスプレイ広告を積極的に使うべきタイミングです。

2 検索広告のコンバージョン単価が高い場合

検索広告は「今すぐ客」への広告であることから、競合状況によっては、コンバージョン単価が高くなるケースがあります。検索広告の採算が合わない場合には、ディスプレイ広告を組み合わせる方法も選択肢の1つです。

Googleディスプレイ広告で最適なメッセージを届ける

「レスポンシブディスプレイ広告」という機械学習を使用して最適化される広告が使用できます。ここでは、ディスプレイ広告の全体像を踏まえたうえで、レスポンシブディスプレイ広告について解説します。

▶ Googleで配信できる3つの画像広告

　Googleディスプレイネットワークで掲載できる広告は、おもに3種類です。以前からある「イメージ広告」という画像のみ設定する広告と、機械学習を利用した「レスポンシブディスプレイ広告」、そして「ファインド広告」というものです。

　画像と文字テキストの掛け合わせで自動生成されるレスポンシブディスプレイ広告とファインド広告は、成果の出る広告が優先的に配信されるように、常に学習を続けていく新しいディスプレイ広告です。画像のみよりもクリック率が高い広告を配信することができます。

▌Googleディスプレイ広告の種類

種類	広告に使用できる素材	メリット
イメージ広告	テキスト、画像、動画、HTML5、最終ページURL	・独自の広告を作成可能
レスポンシブディスプレイ広告	画像、動画、広告見出し、長い広告見出し、説明文、ロゴ、最終ページURL	・広告の自動最適化機能つき ・掲載面に合わせた広告の自動生成
ファインド広告	広告見出し、説明文、画像、会社名、ロゴ、最終ページURL	・広告の自動最適化機能つき ・関連性が高いユーザーに配信可能 ・画像が大きく表示されやすい掲載面

▶ レスポンシブディスプレイ広告とは

　レスポンシブディスプレイ広告とは、機械学習を利用した自動最適化機能のついたディスプレイ広告です。掲載面に合わせて画像サイズが自動調整されるので、画像サイズをいくつも作成して配信していた従来のディスプレイ広告と比較すると、少ない工数で数多くの配信面に広告を表示させることができます。

　ディスプレイ広告の大きなメリットの1つである、多数のユーザーにアプローチできる点を活かすためにも、レスポンシブディスプレイ広告を使用した広告運用を行ないましょう。

　以下の5種類のアセットの組み合わせで広告が決まっています。「アセット」とは、レスポンシブディスプレイ広告で使用する複数の広告見出しと説明文、画像やロゴのことを指します。

■ レスポンシブディスプレイ広告で設定できる項目

アセット	入稿規定	個数
広告見出し	全角15字以内（半角30字）	最大5個
長い広告見出し	全角45字以内（半角90字）	最大1個
説明文	全角45字以内（半角90字）	最大5個
画像	横長：600×314（1.91：1）以上 スクエア：300×300（1：1）以上	最大5個 （横長、スクエアずつ）
ロゴ	横長：512×128（4：1）以上 スクエア：128×128（1：1）以上	最大5個 （横長、スクエアずつ）
会社名	全角12.5字以内 （半角30字）	最大1個

　レスポンシブディスプレイ広告は、アセットの組み合わせをテストする形で機械学習していきます。従来のディスプレイ広告の管理画面と比較すると、違いがわかります。

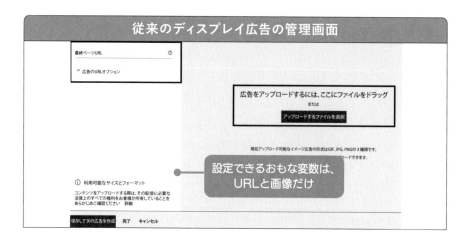

　広告を設定する際は、右の図の「広告の有効性」を優良にすると、機械学習に適した状態となり、成果が出やすくなります。

▶ レスポンシブディスプレイ広告のパフォーマンス

1年間運用したアカウントの月間の運用成果の平均数値を下記に記載しました。配信手法や商材にもよりますが、ディスプレイ広告でも検索広告と同程度の成果を期待することができます。

平均数値	Google検索広告	レスポンシブディスプレイ広告
合計表示回数	8,490	1,749,662
クリック率	8.61%	0.52%
合計クリック数	731	9,120
コンバージョン数	15	9
コンバージョン率	2%	0.10%
クリック単価	¥308	¥15
広告費	¥225,782	¥140,438
コンバージョン単価	¥15,052	¥15,604

基 礎

ファインド広告で
Googleユーザーにアプローチ

ファインド広告は、Googleが2019年に新しく追加したディスプレイ広告です。Google Discover、YouTube、Gmailの広告枠に配信されます。ここでは、事例と合わせてファインド広告の詳細を紹介します。

▶ ファインド広告とは

　　ファインド広告は、ディスプレイ広告の一種です。掲載されるのは、Googleが提供するDiscover、YouTube、Gmailの3つのサービスに限定されますが、その分、表示位置や画像サイズが目立つ形で配信されるのが特徴です。

Discover	YouTube	Gmail
スマホのGoogle検索画面の下に表示	YouTubeのホーム画面で表示	Gmailの中に広告として表示

▶ ファインド広告の仕様

　ファインド広告の仕様を紹介します。通常のファインド広告以外に、ファインドカルーセル広告もあります。ファインドカルーセル広告は、1つの広告枠に複数の画像やURLを表示できる広告フォーマットです。配信する際の画像要件としては表に記載の3種類（横長、正方形、縦長）の画像を準備しましょう。アスペクト比とは、画像の縦と横の比率を示す数値です。

アセット	入稿規定
広告見出し	全角20字（半角40字）
説明文	全角45字（半角90字）
画像（横長）	推奨サイズ：1,200×628 アスペクト比 1.91：1
画像（正方形）	推奨サイズ：1,200×1,200 アスペクト比 1：1
画像（縦長）	推奨サイズ 960×1,200 アスペクト比：4：5
ロゴ	推奨サイズ：1,200×1,200 アスペクト比1：1
会社名	半角25字以内

※ファインドカルーセルでは「縦長」は使用できません。

▶ ファインド広告の注意点

　ファインド広告では、入札戦略を機械学習に任せる形になります。柔軟にコントロールできない点を先に心得ておきましょう。

1　デバイスの入札比率調整

　他の広告と違い、デバイス別に入札単価調整ができません。

Google広告の機械学習に基づき入札単価を設定します。

2 配信エリアの調整

配信エリア設定を地域名でしか選択できません。通常のディスプレイ広告では「住所や郵便番号から半径○km」と細かく設定できるところが、ファインド広告では設定できません。

3 プレースメントの調整

プレースメントとは、広告の配信面のことです。具体的にどのYouTubeチャンネルに広告を配信させるかなどの細かいコントロールはできません。この点も機械学習を基に最適化されています。

4 個別単価設定を使った入札戦略

通常のディスプレイ広告では「○円で入札する」という設定が可能ですが、ファインド広告は機械学習を基に自動で入札します。

5 フリークエンシーキャップ

フリークエンシーキャップとは、「同じ人に○回以上広告を配信しない」という設定のことです。同じ人に何度も広告を表示させたくない時に使用するものですが、これについても機械学習を基に最適化されます。

▶ ファインド広告のパフォーマンス

実際に運用したアカウントの1年間の月間平均数値を記載しました。ファインド広告のコンバージョン単価がレスポンシブディスプレイ広告より抑えられており、コンバージョン数も多く獲得できたわか

りやすい一例です。広告の注意点としては、できる限りシンプルな画像を使うことです。ユーザーがぱっと見て広告の訴求点がわかるとクリック率の向上が期待できます。

項目	ファインド広告	レスポンシブディスプレイ広告
表示回数	182,739	1,083,840
クリック率	1.18%	0.16%
クリック数	2,149	1,781
コンバージョン数	4	2
コンバージョン率	0.19%	0.11%
クリック単価	¥40	¥65
広告費	¥85,818	¥116,254
コンバージョン単価	¥21,455	¥58,127

ディスプレイ広告で成果が出る検索履歴ターゲティング

広告運用の成果を左右するのは「ターゲティング」です。ファインド広告に最適なのが、「検索履歴に基づいたターゲティング」です。ここでは、なぜディスプレイ広告に合っているのかを解説します。

▶ 検索履歴に基づいたターゲティングで顕在層にもアプローチできる

そもそも、「検索する」という行為が発生するのは、ニーズが顕在化している証拠です。したがって、検索履歴に基づくターゲティング設定なら、顕在層にアプローチすることができるといえます。

ここで思い出していただきたいのが、ディスプレイ広告の特性です。メリットは、幅広いユーザーにアプローチできることです。一方で、顕在層にアプローチしづらく、購入につながる確率は下がるのが特徴です。このターゲティングを使用することにより、顕在層にアプローチするという設定が可能になります。ディスプレイ広告の中でも顕在層にアプローチすることができるので、成果につながりやすく、費用対効果の高い広告を配信できるようになります。

「検索履歴に基づいたターゲティング」の設定方法

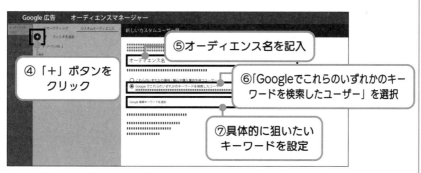

①〜⑦まで入力したら、右下の「ユーザー層を保存」ボタンをクリックしてオーディエンス作成は完了です。最後に、作成したオーディエンスをファインドキャンペーンに紐づけします。

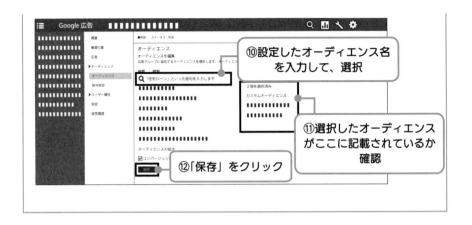

⑩設定したオーディエンス名を入力して、選択

⑪選択したオーディエンスがここに記載されているか確認

⑫「保存」をクリック

Yahoo!広告で
月間790億ＰＶの媒体に配信

ヤフーが提供しているサービスや提携サイトに広告配信できるのが
Yahoo!広告ディスプレイ広告（運用型）です。日本最大級の月間ページ
ビュー数790億回のヤフーのディスプレイ広告について解説します。

▶ Yahoo!広告 ディスプレイ広告（運用型）とは

　ディスプレイ広告（運用型）とは、Yahoo! JAPANや提携している
さまざまなサイトにバナーやテキストを表示させることができる広告
です。

　大きく分けて4種類の配信方法があります。ターゲティング、イン
フィード広告、動画広告、ブランドパネル（画像・動画）の4つです。
以下のような、Yahoo!ニュースの中や、Yahoo! JAPANのトップ画面、
提携しているパートナーサイトなどに配信されます。

出所：https://marketing.yahoo.co.jp/service/yahooads/

▌Yahoo!広告ディスプレイ広告の配信できるおもな4つの広告の特徴

広告種類	特徴・詳細
ターゲティング	一般的なディスプレイ広告です。テキスト及び画像を使って対象のユーザーに配信できます。
インフィード広告	インフィード広告は、Yahoo! JAPANトップページやYahoo!ニュースなど、タイムライン型のページに表示されます。デバイスはスマホが中心になっています。画像、テキストとロゴを組み合わせる形で配信できます。
動画広告	動画とテキストを組み合わせた広告を配信できます。
ブランドパネル（画像・動画）	Yahoo! JAPANトップページの右上に表示されます。スマートフォン版とPC版の2つが配信できます。

▶ 圧倒的なリーチ率

　ヤフーは日本最大級のメディア規模を誇る媒体です。Yahoo! JAPANの調査では、スマートフォンユーザーの87%、PCユーザーの64%にアプローチできる圧倒的なリーチ率を誇ります。つまり、PCユーザーが対象になることが多いBtoBビジネスにも、スマートフォンが対象になることが多いBtoCビジネスの場合も、ビジネス拡大が見込める媒体といえるでしょう。

▶ 広告が表示されるYahoo! JAPANのパートナーサイト

　Yahoo! JAPANの提携しているパートナーサイトは、「朝日新聞」や「BuzzFeed」「クックパッド」など多くのユーザーが集まるサイトです。

▶ Yahoo!広告ディスプレイ広告で設定できるターゲティング

　目的に合わせてディスプレイ広告でどのターゲティングを使用すればいいのか考えていきましょう。右の表と図が全体像です。

■ディスプレイ広告（運用型）で設定できるターゲティング

種類	説明
デバイス	広告の配信先デバイスを設定。OSやプラットフォーム（ウェブ/アプリ）などの項目もあわせて設定可能
性別	広告を配信するインターネットユーザーの性別を設定
年齢	広告を配信するインターネットユーザーの年齢を設定
サーチキーワード	過去にYahoo! JAPANのメイン検索などでキーワード検索したユーザーの検索履歴をもとに広告を配信
サイトリターゲティング	過去にサイトを訪問したことのあるユーザーに広告を配信
オーディエンスカテゴリー	特定のカテゴリーに興味・関心を持ったインターネットユーザーや、特定の属性を持つユーザー、ライフイベントを迎えるユーザー層に対して広告を配信
プレイスメント	広告を配信するサイト（広告掲載面）を設定
サイトカテゴリー	広告を配信するサイト（広告掲載面）のカテゴリーを設定
曜日・時間帯	広告を配信する曜日や時間帯を設定
地域	広告を配信する地域を都道府県、および市区郡単位で設定

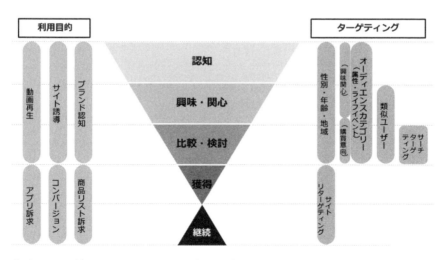

出所：https://ads-promo.yahoo.co.jp/online/yda_day8.html

「サーチターゲティング」で顕在層にアプローチ

「サーチターゲティング」はヤフーならではのターゲティングです。コンバージョンに近いユーザーをサイトに流入させる施策として、機能を活用しましょう。

▶ サーチターゲティングとは

「サーチターゲティング」とは、指定のキーワードを検索したユーザーにディスプレイ広告を配信するターゲティング手法です。ユーザーが検索した語句に基づいて広告を配信することができます。

リマーケティング広告とサーチターゲティングを使用した広告配信は成果につながりやすいので、Yahoo!広告ディスプレイ広告を配信する第一歩としてお勧めです。ここが成果につながるのであれば、積極的にターゲティングを広くしていきましょう。

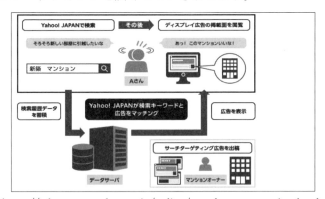

出所：https://ads-promo.yahoo.co.jp/online/searchtarge_overview.html

▶ サーチターゲティングのメリット

サーチターゲティングでは、「過去に○回以上検索したユーザーに配信」する設定や、過去1日、3日、7日、14日以内、30日以内に検索したユーザーのいずれかを指定することもできます。

すでに検索広告を配信している方は、サーチターゲティングの具体例として、

・ビッグキーワード、メインキーワード
・検索広告で過去コンバージョンしたキーワードやクエリ
・Do（したい）・Go（行きたい）・Buy（買いたい）クエリ
・競合名のキーワード

などを設定するといいでしょう。

潜在層向けの広告の中でも、できるだけニーズが顕在化しているユーザーにアプローチすることで、コンバージョン単価の改善が見込めます。

▶ 指定したキーワードはYahoo!広告独自の技術で検索語句と照合

サーチターゲティングはどこまでの精度で検索履歴に基づいたターゲティングができるのでしょうか。次ページの図に「生チョコ 通販」をサーチターゲティングで設定した場合の例を記載しました。

■設定キーワード「生チョコ 通販」の場合の配信対象

ケース	検索語句の例	配信対象になるか
設定した検索と完全に一致	生チョコ 通販	○
設定キーワード+違う言葉	生チョコ 通販 安い	○
語順が違う場合	通販 生チョコ	○
誤字や送り仮名の違い	生チョコ 通判	○
一部しか一致しない場合	生チョコ 好き	×

[設定方法] サーチターゲティング

②サーチキーワードリスト
を作成

①ツールをクリックし、「サーチキーワードリスト」を選択

③キーワードやURLを入れて候補を出す

④何日以内に何回検索したユーザーに広告配信するか選択

⑤サーチキーワードリストの名前を入れた状態で「作成」をクリックすればリスト完成

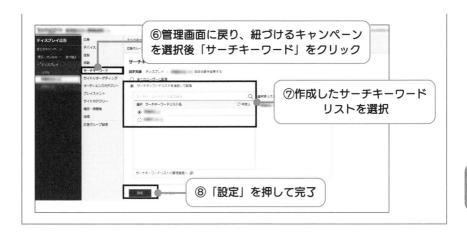

⑥管理画面に戻り、紐づけるキャンペーン
を選択後「サーチキーワード」をクリック

⑦作成したサーチキーワード
リストを選択

⑧「設定」を押して完了

リマーケティングリストの カスタマイズ

リマーケティングは過去に自社のサイト等を利用したことのあるユーザーへの配信です。ディスプレイ広告の中でもより成果につながります。ここではさらにカスタマイズ方法も解説します。

▶ リマーケティングをカスタマイズするタイミング

　基本的に成果につながりやすいといわれているリマーケティング広告ですが、中には例外もあります。それはサイトに流入、即離脱したユーザーです。平均滞在時間で見極めることができます。このような、サイトをしっかりと見てくれていないユーザーを追いかけてもコンバージョンにつながる可能性は低いので、配信対象から除外しましょう。

▶ Google Analyticsを使ったリマーケティングリストの作成

　リマーケティング広告で成果を上げるための手法の1つに「Google Analyticsリマーケティング（GA連動リマーケティング）」があります。Google Analyticsリマーケティングでは、Google広告をGoogle Analyticsと連動させることで、より細かな情報を得たり、Google Analytics上のデータを活用したりできます。

　たとえば、サイトをしっかりと見てくれている確度の高いユーザーだけを追いかけたり、一方で確度の低いユーザーを除外したり、料金表を見てコンバージョンにつながっていないユーザーには価格訴求の広告を配信することで、費用対効果の改善が見込めます。

▶ Google Analyticsリマーケティングでできるカスタマイズ方法

　Google Analyticsリマーケティングでは、下の表のようなターゲティングをすることができます。通常の「サイト訪問○日以内」だけではなく、細かな設定ができるため、コンバージョンにつながる確率が高いユーザーをターゲティングすることが可能です。

　セグメントごとのターゲットをそれぞれANDやOR条件で組み合わせたり、特定のターゲットを除外してリマーケティングリストを作成したりできます。

　たとえば、ゴルフクラブ販売サイトの場合、「ゴルフクラブ　安い」というキーワードで流入し、ゴルフクラブ一覧を見たが購入しなかった人は「安いゴルフクラブを探しているユーザー」と推測できます。

セグメント	内容
自然検索	自然検索からサイトにアクセスしたユーザー
リスティング	リスティング広告経由でサイトにアクセスしたユーザー
メルマガ	メルマガ経由でサイトにアクセスしたユーザー
ダイレクト	URL直接入力でサイトにアクセスしたユーザー
参照サイト	特定のサイトからリンクを飛び、自社サイトにアクセスしたユーザー
性別	男性、女性
年代	40代、50代など
時間帯	特定の時間帯にサイトにアクセスしたユーザー
地域	特性の地域からサイトにアクセスしたユーザー
購入商品	特定の商品を購入したユーザー
訪問回数	指定の回数アクセスしたユーザー
滞在時間	指定の時間滞在したユーザー
前回アクセスからの日数	アクセスから○日経過したユーザー
特定ページ	特定のページを閲覧したユーザー
サイト内検索クエリ	サイト内で特定のキーワードを検索したユーザー

そうしたユーザーをターゲティングし、「今がお買い得なゴルフクラブ」といった広告を配信し、購入を後押しするといったことが可能です。行動履歴からユーザーの心理状況を読み取り、配信するメッセージを考えていくことが、リマーケティング広告の面白さの1つです。

▶ 費用対効果を意識しすぎた絞りすぎに注意

　Google広告の場合は上記のGoogle Analyticsを使用したリマーケティング手法が有名ですが、細かく設定しすぎて配信できない場合があります。それは、ユーザーリストが100件に満たない場合です。ユーザーごとに広告を出し分ける際には、指定の条件を満たすユーザーが何人いるのかGoogle Analyticsで確認しながら配信戦略を考えましょう。

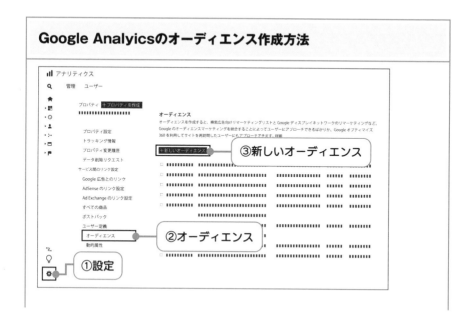

Google Analyicsのオーディエンス作成方法

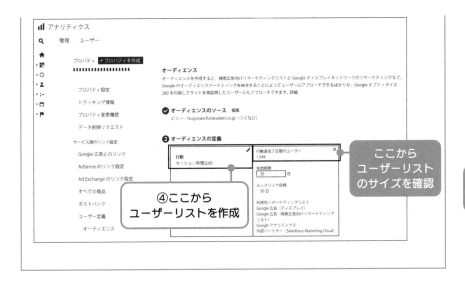

▶ Yahoo!広告ディスプレイ広告のリマーケティングもカスタマイズ可能

　Yahoo!広告ディスプレイ広告の場合はGoogle Analyticsと連動させることはできませんが、管理画面でコントロールすることが可能です。具体的には、URLを指定したリマケリストの設定がお勧めです。

Yahoo!ディスプレイ広告のリマーケティングのカスタマイズ

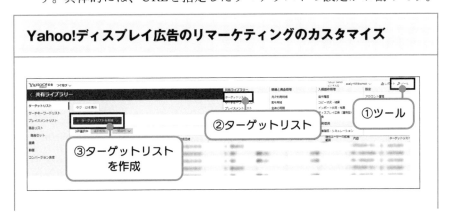

ターゲットリスト（条件リスト）を作成する ⓘ   既存の条件リストを読み込む

ターゲットリスト名   ターゲットリスト名を入力してください   0/100

条件 ⓘ   ○ 条件を設定しない
           ● 条件を設定する
                                                           1/10件選択済

以下のいずれかの条件に一致（OR）：

URL   ▼   を含む   ▼

URL
カスタムラベル
参照元URL
ページ種別   を追加
イベント種別
カテゴリーID
商品ID

訪問履歴の蓄積 ⓘ   ● 蓄積する
                   ○ 蓄積しない

訪問履歴の有効期間 ⓘ   90   日間

説明（任意）   ターゲットリストの説明を入力してください

                                                           0/500

過去の訪問者の設定 ⓘ   ● 設定する（ターゲットリストの条件に一致する過去の訪問者を含める）
                     ○ 設定しない（過去の訪問者を含めない）

        作成   キャンセル

Yahoo!広告ディスプレイ広告はこの画面から設定できる

140

リマーケティングも動的配信でより最適化

通常の「リマーケティング」が、過去にサイトを訪問したユーザーに特定の広告を配信できるのに対し、「動的リマーケティング」は、過去に閲覧した商品や関連性のある商品を出し分ける配信です。

▶ 動的リマーケティングの特徴と仕組み

　　動的リマーケティングとは、「通常のリマーケティング＋ユーザーが興味のある画像」を配信できる、クリック率とコンバージョン率が高い広告です。個々のユーザーに合った広告配信が可能になります。つまり、「動的リマーケティング」は「リマーケティング」のアップグレードバージョンといえます。

　　動的リマーケティングでは、「タグ」と「フィード」を使用して配信する画像を自動調整していきます。サイトに専用の計測タグを埋め込み、ユーザーがアクセスした記録を広告データベースに保存します。その情報と、管理画面に入れた「フィード」を紐づけて、配信する画像、広告文、最終URLなどをコントロールします。フィードで入稿した情報を組み合わせることで、さまざまな表示パターンの中から最適な広告をユーザーに表示します。

▶ 動的リマーケティングを使ってできること

　たとえば、スポーツ用品の通販サイトを想像してみてください。数百・数千点の商品を扱っているサイトでは、サッカーシューズを求めている人、ゴルフクラブを求めている人など、そのニーズは多岐にわたります。過去にサッカーシューズに関する情報を閲覧したユーザーと、ゴルフクラブに関する情報を閲覧したユーザーでは、広告で表示するべきクリエイティブは異なります。

　「動的リマーケティング」なら、それぞれのユーザーのニーズに適した商品を広告クリエイティブで訴求することが可能となります。

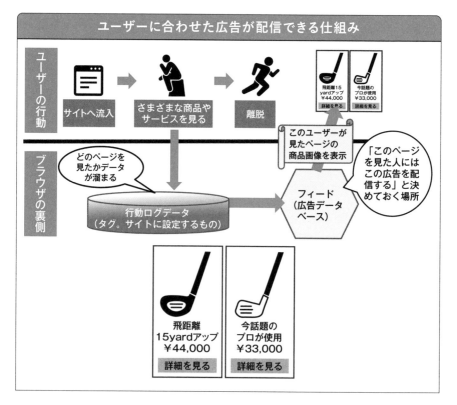

▶ 動的リマーケティングを配信できる広告媒体

　動的リマーケティングは、Google広告、Yahoo!広告、LINE広告、Facebook広告でも配信することが可能です。また、それらをすべて統合して広告配信できる「Criteo広告」なども人気です。仕組みは左ページに記載したものと同じです。コンバージョンにつながる見込みのあるユーザーに絞ったうえで、訴求内容を緻密にコントロールできる広告なので、挑戦してみましょう。

認知を最大化させる ブランドパネル

日本最大級のポータルサイトであるYahoo! JAPANのトップページに掲載される広告です。PCブランドパネルとスマートフォン版ブランドパネルを活用し、認知と購買を両方促進させることができます。

▶ ブランドパネルとは

　　ブランドパネルとはYahoo! JAPANのトップページに掲載することができる広告です。配信できる広告枠が大きく、目立つ位置に掲載されるので、数多くのユーザーにアプローチできます。

　　PCブランドパネルと、スマートフォン版ブランドパネルの2種類から選択できます。

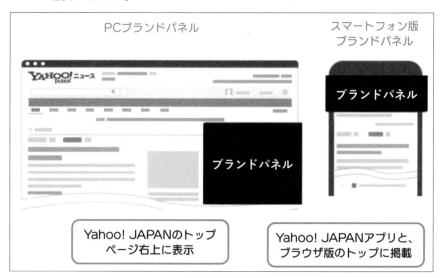

▶ ブランドパネル×サーチターゲティング、リマーケティング広告は相性抜群

　　ブランドパネルは広告枠が大きく、数多くのユーザーにアプローチできるのが特徴です。そのリーチ力に、サーチターゲティング、リマーケティングを掛け合わせることもできます。ニーズが顕在化しているユーザーに広告を最大限表示させることで、ビジネスのさらなる拡大が期待できるでしょう。

　　ターゲティングができる項目は年齢、性別、地域等を使用することができます。

▶ ブランドパネルの入稿規定

　　ブランドパネルは、PCとスマートフォン版で課金方式や、掲載可能な画像サイズが異なります。

デバイス	広告の種類	画像サイズ	ファイル容量
PC	画像（正方形）	600×600	3 MB以内
	動画（正方形）	600×600	200MB以内
	動画（横長）	640×360	
スマートフォン版	画像（横長）	640×360	3 MB以内
	動画（横長）	640×360	200MB以内

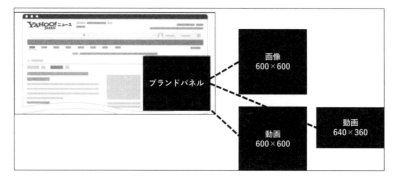

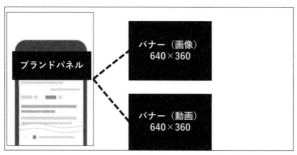

5章

動画広告

スマートフォンの普及や5G技術によって、動画を見ることが一般化しつつあります。動画広告は今最もエンゲージメントの高い広告フォーマットであり、画像にはできない、動画だからこそ伝わる情報を届けることもできます。ここではYoutube等のプラットフォームに配信できるGoogle動画広告の運用手法を紹介します。

動画プロモーションが
当たり前の時代へ

画像や文字に比べ、多くの情報を伝えられる動画コンテンツ。スマートフォンの普及により、世界中で動画コンテンツによるマーケティングが浸透しました。この章では、動画広告をご紹介します。

▶ 急拡大するユーザーの動画関心度

　市場が急拡大している動画コンテンツ。今ではユーザーと企業のエンゲージメントを高める手段として欠かせない存在になりました。Googleは、YouTubeにログインして利用するユーザー数が20億人であるという調査結果を公表しています。日本においては、18〜44歳の約3,000万人がYouTubeを利用するコア層です。この要因の１つが、スマートフォンの普及です。YouTubeの視聴時間全体における約70%がモバイル（スマートフォン・タブレット）からといわれます。

　さらに、2020年に発表された移動通信システム5Gでは、従来の4Gに比べ、高速かつ大容量の通信が可能です。通信事業者が5Gに対応したプランを続々と発表し、ユーザーへの浸透が進めば、いつでもどこでも、環境に左右されず気軽にストレスなく動画を視聴できるようになります。

　5G技術の登場によって、動画によるプロモーションや動画広告によるアプローチは今後、あらゆる企業において欠かせないマーケティング手法となるでしょう。

▶ 数字でみる動画広告

　YouTubeはユーザーの生活に溶け込んでいる動画プラットフォームですが、これをプロモーションとして活用しない手はありません。なぜなら、YouTubeはすでにユーザーのアクションを喚起するプラットフォームとして、大きな影響を与えているからです。18〜64歳の一般的なオンラインユーザーのうち、90％がYouTubeで新しい商品を見つけ、そのうち40％はその商品を購入しています。これは、YouTubeで商品を知ったことをきっかけに起こすアクションだけではなく、Googleで検索し、商品の追加情報を求めてYouTubeを訪れる人も該当します。追加情報を求めてYouTubeを訪れる（確認行動）ユーザーは55％にのぼります。

　動画におけるユーザーへのアプローチは、単なるブランドイメージの向上だけではなく、正しくメッセージを伝える手段として消費行動を喚起し、自社の売上アップに貢献することができるでしょう。

ユーザーの動画の使い方	
YouTubeで新しい商品を見つけている	**90%**
YouTubeで見つけた商品を購入したことがある	**40%**
Googleで商品を検索し、商品を購入する前に追加情報を求めてYouTube に訪れる割合	**55%**
商品やブランドを決める際に動画を参考にしている	**50%**以上

出所：Google「YouTube 広告ガイドブック 2020」をもとに作成

動画広告は「目的×オーディエンス×動画内容」で決まる

動画広告の成功の3要素である「目的」「オーディエンス」「動画内容」をおさえていきましょう。合わせて、成功のための指標の1つであるコンバージョンの捉え方も解説します。

▶ 動画広告成功の3要素は「目的」「誰に」「何を」

　　動画広告を成功させるには、動画を作って全国に配信、といった方法ではうまくいきません。「伝えたい人にメッセージを届ける」には、「伝えたい人」はどのようなユーザー層なのか、「伝えたいメッセージ」はどのような内容なのかをプランニングし、それらがマッチしていなければなりません。

　　広告配信においてまず考えるべきは、「目的」「誰に」「何を」の3つの要素です。それぞれ考えてみましょう。

「目的」とは、動画広告を通じて達成したいビジネス目標のことです。「商品・ブランドを認知させたい」「直接購入につなげたい」「購入の後押しとなるようなメッセージを届けたい」など、動画広告を配信する目的を考えてみましょう。Googleの動画広告では多様な目的の配信に合わせられるよう、いくつかの「動画の種類」が用意されています。まずは「目的」に合わせた「動画の種類」を決める必要があります。

「誰に」とは、動画を見てもらいたいユーザー層のことです。「オーディエンス」ともいわれ、目的に合わせたオーディエンス設定が必要となります。

「何を」とは、動画の内容のことです。目的とオーディエンスを決めることができたら、どのようなメッセージを配信すれば目的を達成できるか、オーディエンスに興味を持って見てもらえそうかを考えなければなりません。「動画の長さ」「ビジュアルの表現」「ストーリー構成」「メッセージの内容」など、目的達成のために動画の内容を作り込む必要があります。

これらの3要素は、企業の販促成功にとって非常に重要なポイントになります。

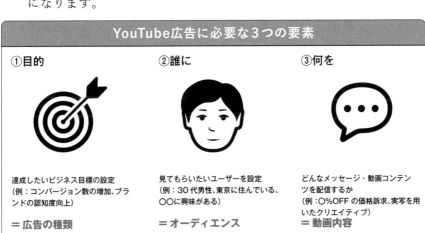

YouTube広告に必要な3つの要素

①目的

達成したいビジネス目標の設定
（例：コンバージョン数の増加、ブランドの認知度向上）

＝ 広告の種類

②誰に

見てもらいたいユーザーを設定
（例：30代男性、東京に住んでいる、〇〇に興味がある）

＝ オーディエンス

③何を

どんなメッセージ・動画コンテンツを配信するか
（例：〇%OFFの価格訴求、実写を用いたクリエイティブ）

＝ 動画内容

▶ 動画コンバージョンの設定は検索広告と同じ方法で行なう

Google広告のコンバージョン設定をマスターしている方であれば、それほど苦労することはありません。管理画面の「ツールと設定メニュー＞測定＞コンバージョン」の順にクリックし、設定したいコンバージョンアクションを選択すれば、クリックスルーとビュースルーの期間が設定できます。動画広告においては、動画を視聴しただけではコンバージョンに至らず、後日コンバージョンすることが多いです。

正しく動画広告の成果を確認するためにも、ビュースルーコンバージョンの設定を行ないましょう。

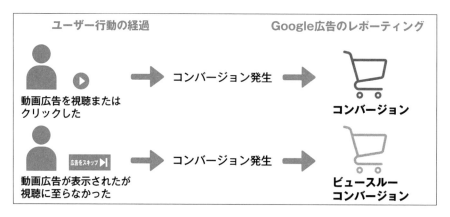

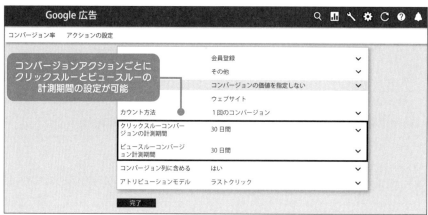

動画広告の種類は
目的に合わせて選択

動画広告の配信に向けて、まず広告の目的を決めましょう。動画広告をプランニングする3つの目的とその動画の種類を解説します。動画の種類によって動画サイズ（長さ）や課金の方法などが異なります。

▶ 動画広告の目的は「認知」「検討」「行動」

　　動画広告の配信の種類は、それぞれの目的によって異なり、認知・検討・行動に分類されます。

目的別で決まるYouTube広告の種類

認知	・できるだけ多くのユニークユーザーへの接触をめざします ・動画接触者のブランド認知度や好意度が増加することをめざします	**バンパー広告** 再生時間は6秒以内で、スキップできない動画広告。特にスマートフォンなどのモバイル端末に適している。
検討	・ウェブサイト到達やお問い合わせフォームへの到達などマイクロ コンバージョンの獲得をめざします ・動画接触者による特定語句の自然検索数の増加をめざします	**TrueViewインストリーム広告** YouTubeの動画コンテンツの前や途中に再生される、スキップ可能な動画広告。
行動	・オンラインでの購買やサービス登録などのコンバージョンを獲得することをめざします ・動画接触を通じて自社店舗や小売チェーンへの来店促進をめざします	**TrueViewアクション広告** 「行動を促すフレーズ」と広告の見出しで、インストリーム動画広告の再生中と再生後にユーザーのアクションを喚起。

出所：Google「YouTube 広告ガイドブック 2020」をもとに作成

　「認知」を目的とした場合、「バンパー広告」を選びます。6秒以内の長さの動画しか配信できませんが、1,000回再生されてはじめて課金されるため、安価で多くの人にメッセージを届けられます。リーチ（広告上で接点のないユーザー数）を増やすことを目標とし、KPI（重

要業績評価指標）としてリーチ数や認知度向上を指標にすると、運用の成果が確認できます。

「検討」段階の顧客へのアプローチを目的にした場合、「TrueViewインストリーム広告」を選びましょう。バンパー広告とは違い、6秒以上の動画配信が可能で、広告のリンクをクリックするか、30秒以上再生されたときに課金されます（30秒未満の動画は最後まで再生されたときに課金）。YouTube（スキップ可）やGoogleディスプレイ広告（GDN）のパートナーサイトやアプリで配信されるという特性から、GDNと似た役割で配信するケースが多く、購入を検討している層へのアプローチに向いています。インプレッション単価を低く抑え、多くのプレースメントに配信したい場合に使用されるため、視聴率や購入の意向をKPIとして設定することが運用のポイントです。

「行動」（コンバージョンの獲得やサイトの流入数アップ）を促したい場合は、「TrueViewアクション広告」を選びましょう。TrueViewインストリーム広告と同様の動画の長さ、課金形態ですが、TrueViewアクション広告では、動画の再生中・視聴後に行動を促すフレーズを設置することが可能です。これはTrueViewアクション広告特有のフォーマットであり、動画をユーザーに見てもらえるだけではなく、動画を見たユーザーがすぐに行動を起こせる広告を配信できるため、行動喚起に向いているといえます。

　一方で、広告の配信面・配信数が限られ、さらに広告の単価が高くなりやすい傾向にあるため、正確なターゲティングが成功のポイントとなります。サイトの流入数、コンバージョン数をKPIとして運用していくことで成果を確認します。

	バンパー広告	TrueView インストリーム広告	TrueView アクション広告
目的	商品やブランドの認知度向上	商品やサービスの検討・行動喚起	商品やサービスの行動喚起
動画の長さ	6秒以下	60秒程度を推奨	60秒程度を推奨
課金形態	1,000回再生あたり課金	30秒以上再生課金またはクリック課金	・30秒以上再生課金またはクリック課金 ・コンバージョンしやすいユーザーにはインプレッション課金
掲載先	・YouTube ・GDNのパートナーサイトやアプリ	・YouTube ・GDNのパートナーサイトやアプリ	・YouTube
スキップの可否	不可	可	可

　これらの動画の種類は1キャンペーン1種類までしか設定できません。そして、キャンペーン作成時の、目標設定の選択によって、作成できる広告の種類が決まっています。

▶ バンパー広告の目標は「ブランド認知度とリーチ」

　バンパー広告はスキップ不可の6秒動画を配信することができます。ユーザーが再生している動画への影響を最大限抑えられるため、短い内容にはなるものの、確実にメッセージを届けることができます。低単価で多くのリーチを獲得できるため、リーチの数だけではなく、リーチしにくいユーザーへも配信される設定を選ぶことで、広告効果を最大化することができます。

　バンパー広告を配信したい場合は、キャンペーン作成画面で「ブランド認知度とリーチ＞動画＞バンパー」と選択して作成します。その後はディスプレイ広告と同様、予算、ネットワーク、ターゲットにする地域、ユーザーの言語、およびその他の詳細設定を選択、次に広告グループ名を決め、目標インプレッション単価で広告グループを作成し、あらかじめアップロード済のYouTube動画（長さは6秒以下）の

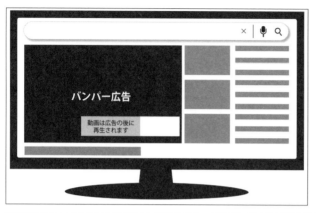

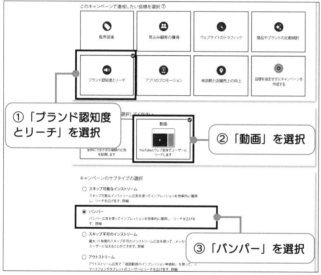

URLを入力すれば、動画広告の配信設定は完了です。

▶ TrueViewインストリームも「ブランド認知度とリーチ」から設定

　TrueViewインストリーム広告は、動画の長さに制限はなく、検討段階のユーザーへのアプローチに非常に効果的です（動画の長さは3分未満を推奨）。TrueViewインストリーム広告を配信したい場合のキ

ャンペーンの目標は、バンパー広告と同様、「ブランド認知度とリーチ」から設定できます。

スキップ可能なインストリームとスキップ不可のインストリームがありますが、これら2つは仕様が異なります。スキップ可能なインストリームは「5秒視聴」でスキップができ、「30秒以上再生」されると課金されます。スキップ不可のインストリームは「15秒視聴」で

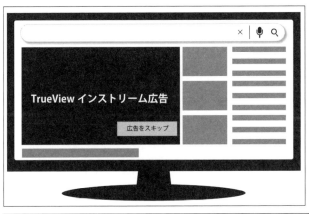

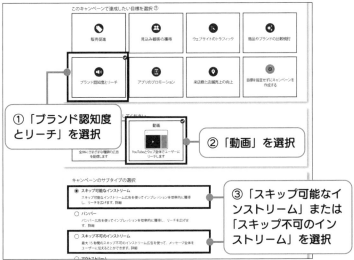

スキップができ、「動画が表示」されると課金対象となります。

キャンペーン作成後はバンパー広告と同様の設定方法で配信設定が完了します。

▶ TrueViewアクションの目標は「販売促進」「見込み顧客の獲得」「ウェブサイトのトラフィック」

TrueViewアクション広告は、購入やサイト流入をする確率が高いユーザーに配信されるため、自社に適したユーザーに広告を配信することが可能です。広告フォーマットは、他のそれとは異なり、動画内容以外でも行動を促す設定をします。視聴中の動画下部の広告文、ロゴ、行動を促すフレーズに加え、動画の中にもロゴと行動を促すフレーズが設置できます。

キャンペーンの作成は、目標を「販売促進」「見込み顧客の獲得」「ウェブサイトのトラフィック」を選択の後、動画を選びましょう。

TrueViewアクション広告は入札戦略を「コンバージョン数の最大化」または「目標コンバージョン単価」のみ設定でき、スマート自動入札が適用されます。　広告グループの作成はバンパー広告、TrueViewインストリーム広告と同様の手順です。

そして、TrueViewアクション広告の最大の特徴である、ロゴ、広告文、行動を促すフレーズの文言は、広告作成画面で設定することが可能です。「見ただけでは終わりでない」広告フォーマットで、ユーザーアクションを促すための広告クリエイティブを考えてみましょう。

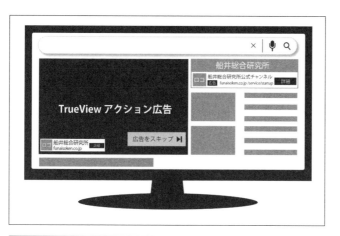

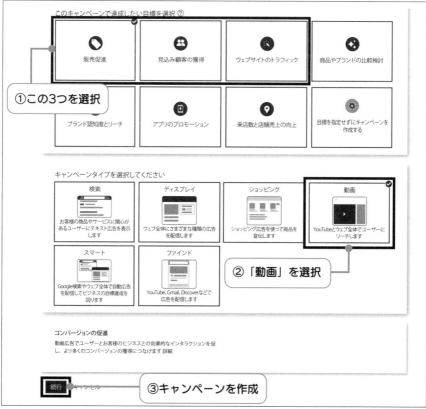

このキャンペーンで達成したい目標を選択 ⑦

販売促進	見込み顧客の獲得	ウェブサイトのトラフィック	商品やブランドの比較検討

①この3つを選択

ブランド認知度とリーチ	アプリのプロモーション	来店数と店舗売上の向上	目標を指定せずにキャンペーンを作成する

キャンペーンタイプを選択してください

検索	ディスプレイ	ショッピング	動画
お客様の商品やサービスに関心があるユーザーにテキスト広告を表示します	ウェブ全体にさまざまな種類の広告を配信します	ショッピング広告を使って商品を宣伝します	YouTubeとウェブ全体でユーザーにリーチします

スマート	ファインド
Google検索やウェブ全体で自動広告を配信してビジネスの目標達成を図ります	YouTube, Gmail, Discoverなどで広告を配信します

②「動画」を選択

コンバージョンの促進

動画広告でユーザーとお客様のビジネスとの効果的なインタラクションを促し、より多くのコンバージョンの獲得につなげます 詳細

続行 キャンセル

③キャンペーンを作成

ユーザー像を検討して オーディエンスを設定

動画広告の目的を決めたら、どんなユーザーに配信すべきかを整理しましょう。イメージするユーザーに正しくメッセージを届けることが重要です。オーディエンス設定は運用者のスキルにかかっています。

▶ 自分に関連性のある動画広告はユーザーの関心を高める

　　ネット広告におけるターゲティングの重要性はここまでお伝えしてきた通りですが、動画広告においては、他の広告プラットフォームよりもさらに重視するべきです。動画広告におけるターゲティングは、ユーザーのペルソナをより明確にし、それに合ったオーディエンス設定をすることで、同じ動画内容でも広告効果を高めます。特に限られた配信数で投資対効果が顕著に出るTrueViewアクション広告を使用する場合は、ターゲティングの精度を上げることにより、広告効果の最大化が期待できます。

▶ 動画広告のターゲティングの設定方法はGoogle広告と同じ

　　重要な要素を持つ動画広告のターゲティングですが、特殊な設定方法が必要なわけではありません。Google動画広告はGoogle広告から配信設定を行なうため、基本的な考え方や設定できるオーディエンス（デモグラフィック、地域、趣味嗜好や行動習慣）は同一のものが使えます。

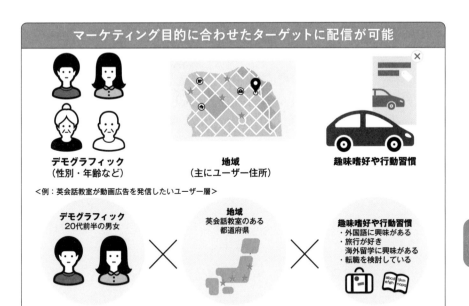

マーケティング目的に合わせたターゲットに配信が可能

デモグラフィック
（性別・年齢など）

地域
（主にユーザー住所）

趣味嗜好や行動習慣

<例：英会話教室が動画広告を発信したいユーザー層>

デモグラフィック
20代前半の男女

×

地域
英会話教室のある
都道府県

×

趣味嗜好や行動習慣
・外国語に興味がある
・旅行が好き
　海外留学に興味がある
・転職を検討している

出所：Google「YouTube 広告ガイドブック 2020」をもとに作成

　設定方法も同じで、広告グループ・キャンペーンごとにオーディエ
ンスを設定します。オーディエンスメニューから配信したいターゲッ
トを選択し、配信設定を行なってください。自身で作成したカスタム
オーディエンスやリマーケティングリストの使用も可能です。

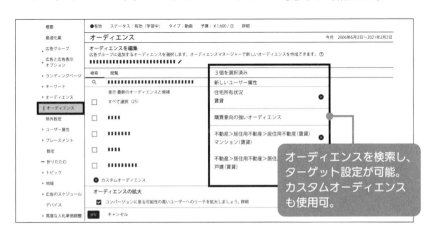

オーディエンスを検索し、ターゲット設定が可能。カスタムオーディエンスも使用可。

▶ オーディエンスに合わせたメッセージを配信する

　動画広告の成功のためには、オーディエンスに合わせたメッセージ（動画の内容）を配信しなければいけません。

「自分に関連性が高い」広告を作成するには、ユーザー目線で見たときに、「好きなことに関係がある」「好きなブランド・商品である」「商品やサービスについての情報が得られる」など、ユーザーファーストを意識しましょう。オーディエンスに合わせ、ユーザーの消費行動に広く目を向けながら、仮説思考を持ってオーディエンスを見つけましょう。

　もちろん複数のオーディエンスに配信したい場合は、それに合わせた動画を作成することも広告効果を改善させるためのアクションとなります。たとえば、同じ商品を訴求する広告でも、若い女性向けにはAという動画を配信、中年の男性向けにはBという動画を配信することで、広告の効果を検証していきましょう。

動画クリエイティブは
ユーザーとスマホを意識

多くのユーザーがスマートフォンからの視聴であることから、限られたスペースでいかなる視聴環境でも伝わりやすい動画を作成することがポイントです。

▶ クリエイティブのポイントは「ユーザー意識」と「スマホ意識」

　　動画の目的とオーディエンスを決めたら、ビジネスの目標達成を促すことができる動画クリエイティブを作成する必要があります。ポイントは、ターゲットに合わせたクリエイティブになっているかどうかです。仮説思考をもとに、そのターゲットであれば、「どのようなメッセージを配信するべきか、どんな雰囲気の動画にするべきか、最も伝えたいことは何か」を考えてみましょう。

　　スマートフォンに適した動画になっているかどうかも重要です。スマートフォンを利用した動画視聴ユーザーが多数を占めているからです。

▶ スマホユーザーの心をつかむためのビジュアル表現8つのポイント

　　スマートフォンでの利用が70%を占める動画広告ですが、スマートフォンユーザーに向けた動画作成のための8つのポイントをまとめました。

①商品を大きく
②ブランドロゴを大きく

③明るさ/コントラストをつける

④大きく、目を引くテロップ

⑤気持ち速めのテンポ

⑥〝寄り〟を意識したフレーミング

⑦コピーは簡潔・シンプル

⑧音がなくても伝わる

　これらのポイントはすべて、モバイルでの視聴環境を考えてまとめています。スマートフォンはPCに比べスクリーンが小さく、配信スペースが限られるデバイスです。視聴環境を考えると、明るい自室・飲食店、通勤中の電車の中、寝る前のベッドの中などいつでもどこでも視聴できるデバイスです。中には、音が出せない環境での視聴もあり得るでしょう。

　そのようなスマートフォンの配信スペース、視聴環境を考えると、自ずと、見せたいモノ・コトバを大きくシンプルに見せ、明るいコントラストで、音がなくても伝わる内容にすることが視聴率・メッセージの伝達度に好影響を及ぼすことにつながります。

▶ 広告フォーマットに合わせた動画制作

　TrueView広告はスキップボタンが表示されるまでの５秒間、バンパー広告であれば６秒間が、ユーザーにメッセージを伝えられる時間です。訴求ブランド名やロゴ、キャッチコピーは最初の５秒から６秒までに入れましょう。また、ユーザーにクリックや検索などの行動を起こすことを動画キャンペーンの目標にしている場合は、ユーザーが行動を起こす判断をする時間の猶予を与えることも重要です（20秒〜１分程度）。

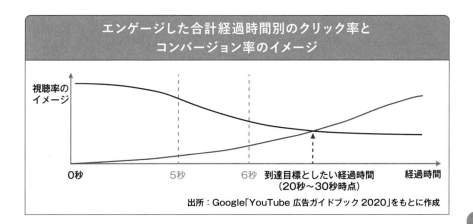

エンゲージした合計経過時間別のクリック率と
コンバージョン率のイメージ

視聴率の
イメージ

0秒　　　　5秒　　　　6秒　到達目標としたい経過時間　経過時間
　　　　　　　　　　　　　　（20秒〜30秒時点）

出所：Google「YouTube 広告ガイドブック 2020」をもとに作成

6
章

Facebook広告

Facebook広告はおもにFacebook、Instagramという利用者の多いSNSに広告を配信できる媒体です。プロフィール情報やSNSの動きから興味・関心を割り出す、精度の高いターゲティングを活用できることが特徴です。認知から購入まで幅広い層に対して画像や動画を活用してアプローチできます。

Facebook広告で
ユーザーのリーチを拡大

Facebook広告は年齢、性別、勤務先、役職など、実名で登録されているユーザー情報をもとにターゲティングできることから、高い精度で配信可能です。ユーザー数も多く、ビジネス拡大の期待できる広告です。

▶ SNS広告に取り組むべき理由

　スマートフォンの普及により、コンテンツの利用方法や利用シーンは大きく変化しています。そして、情報収集の方法も大きく変わってきました。Googleで検索するということを「ググる」といわれてきましたが、Instagramで検索することは「タグる」といわれ、購買行動が変化しているとされます。SNSで情報を探す時代になっているのです。これまではリスティング広告やディスプレイ広告の内容が中心でしたが、ここからはSNSを使用した広告について解説していきます。

▶ Facebook広告とは

　Facebookはユーザーが登録した基本情報（年齢、性別、勤務先、役職等）や、Facebook、Instagram上の行動（いいね！ やコメントをした広告の種類等）のデータに基づいてターゲティングすることが可能です。「実名制での登録情報」に基づいた、高精度なターゲティングができるのが特徴です。

　配信先はFacebook、Instagram、Audience Network、Messengerの4種類です。

Facebookと他のSNSの特徴

	Facebook	Instagram	Twitter	LINE
グローバル MAU	27億 （2020年7月時点）	10億 （2018年6月時点）	3億3000万 （2020年1月時点）	1億6700万 （2020年10月時点）
日本 MAU	2,600万 （2019年3月時点）	3,300万 （2019年3月時点）	4,500万 （2017年10月時点）	8,600万 （2020年10月時点）
メイン ユーザー 属性	20〜40代	10〜30代	10〜20代	10〜50代
特徴	実名制 総合的	写真・動画 若年層	総合的 拡散性	コミュニケーション

※MAU＝アクティブユーザー数

▶ Facebook広告はどこに掲載されるのか

Facebook広告は、Facebook、Instagram、Audience Network、Messengerの4つのプラットフォームに広告を配信でき、各プラットフォームの、図のように配信されます。

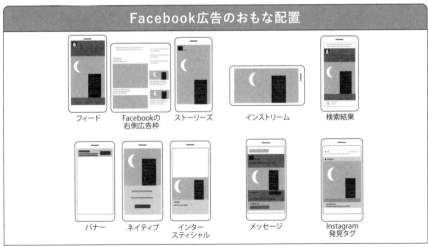

Facebook広告のおもな配置

フィード　Facebookの右側広告枠　ストーリーズ　インストリーム　検索結果

バナー　ネイティブ　インタースティシャル　メッセージ　Instagram発見タグ

出所：https://www.facebook.com/business/help/4071085593931
96?id=369787570424415をもとに作成

6章

Facebook広告

169

▌Facebook広告の配信面

Facebook	フィード、インスタント記事、右側広告枠、インストリーム動画、動画フィードMarketplace、ストーリーズ、Facebook上の検索結果などに配信が可能
Instagram	Instagramのタイムラインやストーリーズ、リールに広告配信することができます。利用できるフォーマットは、画像、動画、カルーセル（画像の組み合わせ）とスライドショー（画像を組み合わせた動画）となる
Messenger	Messenger広告は、Facebookが提供しているメッセージアプリで配信する広告です。Messengerアプリのチャット内に、おもにテキスト形式で表示
Audience Network	Audience Network広告は、Facebookと提携しているサイトやアプリで配信する広告です。主な掲載先はゲームアプリや、ニュース・メディア、ライフスタイルなどの媒体になり、画像、動画、カルーセル広告が使用可能

▶ 少ない予算からでも広告配信可能

　Facebook広告は最低1日100円から配信でき、少ない予算でも広告配信可能な媒体です。広告の停止や再開も自分で設定できるため、少額からでも、まずは配信してみることをお勧めします。

▶ Facebook広告はさまざまな広告フォーマットで配信できる

　画像、動画、カルーセル（画像の組み合わせ）、スライドショー（画像を組み合わせた動画）、コレクション広告などを広告として配信できます。

※Facebookは「Meta」への社名変更に伴い、「Meta」という表記に置き換わっている箇所があります。

ピクセルで計測環境の整備と広告の自動最適化

配信する前に、広告の効果を計測するための準備が必要です。Facebook広告をフル活用するには欠かせないものなので、必ず設定してから配信しましょう。

▶ Facebookピクセルとは

Facebook広告の特徴は、ユーザーの登録情報に基づいて高精度なターゲティングができること、とお伝えしました。この機能を活かすのが、「Facebookピクセル」というサイトとFacebook広告をつなげるコードです。

ピクセルコードをサイトに埋め込むメリットは4つです。

1 コンバージョンの計測ができる
2 リマーケティングリストの設定ができる
3 カスタムオーディエンス・類似オーディエンスの設定ができる
4 Facebookシステム内の最適化がかかり、目標にした指標達成がスムーズになる

成果に基づいて自動的に最適化するためと、コンバージョンを測定するために必要な設定となります。

広告管理画面から発行して、右の図のようなピクセルコードを取得します。

Facebookピクセル

```
<!-- Facebook Pixel Code -->
||||||||||
|||||||||||||||||||||||||||
|||||||||||||||||||||||||||||||||||||
|||||||||||||||||||||||||||||||||||||||||||
|||||||||||||||||||||||||||||||||||||||||
|||||||||||||||||||||||||||||||||
||||||||||||||||||||||||||||||||||||||||
|||||||||||||||||||||||||||||||
||||||||||||||||||||||
||||||||||
|||||||||||||||||||||||||||||||||||||||||||||||||||
||||||||||
<!—End Facebook Pixel Code -->
```

　設定方法は、「Facebookピクセルの発行」と「Facebookピクセルを
サイトに設定」の2つのステップに分かれます。本書ではGoogle タ
グマネージャーを使ってサイトに設定する方法をご紹介します。

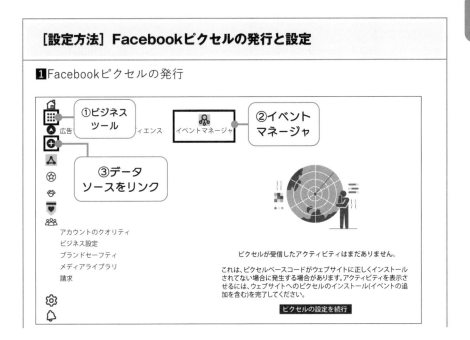

[設定方法] Facebookピクセルの発行と設定

■1 Facebookピクセルの発行

- ①ビジネスツール
- ②イベントマネージャ
- ③データソースをリンク

広告　　　　　　　　　ィエンス　　イベントマネージャ

アカウントのクオリティ
ビジネス設定
ブランドセーフティ
メディアライブラリ
請求

ピクセルが受信したアクティビティはまだありません。

これは、ピクセルベースコードがウェブサイトに正しくインストール
されてない場合に発生する場合があります。アクティビティを表示さ
せるには、ウェブサイトへのピクセルのインストール(イベントの追
加を含む)を完了してください。

ピクセルの設定を続行

6章

Facebook広告

❷Facebookピクセルのサイトへの設定

GoogleタグマネージャーにFacebookピクセルを追加します。新規タグ発行を選び、「カスタムHTML」というタグを選択、Facebookピクセルを貼りつけてトリガーと紐づけます。トリガーは「All Page」を選択し、その後「公開」を押せば設定は完了です。

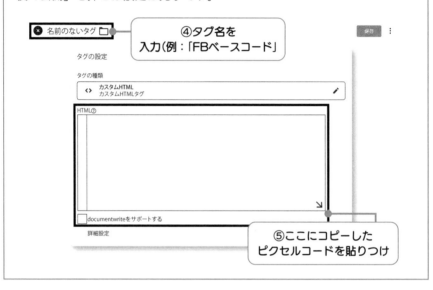

▶ テストイベント機能を使用した確認方法

　Facebookピクセルの設定完了後、最後にテストをして問題なく設定されているかを確認します。確認方法はさまざまありますが、ここではその1つである、Facebook広告内の「テストイベント機能」を使用した例を紹介します。テストイベントは、イベントマネージャ内に設置されています。

[確認方法] テストイベント機能

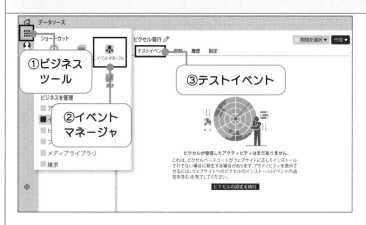

175

Facebook広告で選択できる 3つのターゲティング

Facebook広告のターゲティング機能を分解すると、コアオーディエンス、カスタムオーディエンス、類似オーディエンスの3つの手法があります。仕組みを正しく理解して「誰に」配信できるのかをおさえましょう。

▶ 目的に合わせたターゲティング

　　　広告を配信する目的は大きく2つあります。1つ目がリピーターを増やす、2つ目が新規顧客の獲得です。Facebook広告にはさまざまなターゲティング手法がありますが、使用する際にはビジネスの目的と一致したターゲティングを選択していかなければいけません。

■ ビジネスの目的と選択できるターゲティングの全体像

目的	ターゲット	オーディエンス分類	オーディエンス例
リピート数増加	認知購入客	カスタムオーディエンス	カスタマーリスト（過去購入したユーザー）
新規顧客獲得	認知未購入客	カスタムオーディエンス	ウェブサイトカスタムオーディエンス モバイルアプリカスタムオーディエンス オフラインアクティビティカスタムオーディエンス エンゲージメントカスタムオーディエンス 上記から過去購入したユーザーを除外
	未認知未購入客	コアオーディエンス 類似オーディエンス	位置情報、つながり、利用者データ、行動、興味・関心 上記からリマーケティングリストと過去購入リストを除外

▶ コアオーディエンスとは

コアオーディエンスとは、ユーザーの年齢、性別、学歴、役職、言語、位置情報、興味・関心、過去の行動などの要素で構成されているオーディエンスを指します。これらの要素は、合計すると500以上用意されており、各項目を掛け合わせた細かいターゲティングが可能となっています。Facebook広告のコアオーディエンスは、実名で登録しているユーザーの基本情報を基に作られています。これが、Facebook広告のターゲティングは精度が高いといわれる大きな理由です。

▌コアオーディエンスの全体像

項目	詳細
位置情報	国、県、市区町村レベルで指定できる
つながり	過去に「いいね!」などのアクションをしてくれたユーザーを指定できる（除外の設定も可能）
利用者データ	学歴や、役職、勤務場所、年齢、性別をプロフィールの情報から指定できる
行動	過去にイベントに参加した人を対象にするなど、デバイスの行動履歴、購入履歴から指定できる
興味・関心	「興味・関心：美容」など、ユーザーの興味・関心に基づき設定できる

▶ カスタムオーディエンスとは

カスタムオーディエンスとは、サイトを訪問したユーザー、Facebook・Instagramでアクションを実行したユーザーに対してのターゲティング方法です。広告主が独自に保有している顧客データと、Facebook（Instagram）利用者の情報を照合することで、絞り込みを

行ないます。

　たとえば、アパレルショップが顧客データをFacebookにアップロードすると、Facebook（Instagram）利用者の中から、過去に商品を購入してくれたユーザーを抽出することができます。ここで抽出されたユーザーは一度商品を購入してくれた人なので、そのブランドのファン、あるいは興味を持っている可能性が高く、リピート購入を促す広告や、今シーズンの新商品、お得なセールの広告を配信することでコンバージョンする確率が高いことが予想されます。オンライン、オフラインに限らず、ユーザーの行動履歴に沿ったターゲティングを実施できるのがカスタムオーディエンスです。

▌カスタムオーディエンスの全体像

項目	詳細
カスタマーリスト	購入したユーザーの電話番号やメールアドレスを、Facebook・Instagramの登録情報と照合して作成できる
ウェブサイトカスタムオーディエンス	サイトに訪問してくれたユーザー情報をもとに作成されるリスト。サイトの滞在時間を基準に、サイトを特によく見ているユーザーに対しても配信が可能
モバイルアプリカスタムオーディエンス	アプリのダウンロード、アプリ内で課金したユーザーなど特定のアクションを指定できる
オフラインアクティビティカスタムオーディエンス	電話や店舗での購入、レジのPOSシステム情報などをもとにターゲティングできる。APIやCSVを使用し、広告管理画面にユーザー情報を連携させる
エンゲージメントカスタムオーディエンス	過去に「いいね!」やシェア、コメントなどのリアクションや、FacebookページやInstagramプロフィールページにアクセスしたかなどでターゲティングできる

▶ 類似オーディエンスとは

　類似オーディエンスとは、ソースオーディエンス（例：メールマガジン開封者を指定したカスタムオーディエンス）を選択し、そのソー

スオーディエンスに含まれるユーザーに共通する利用者情報や興味・関心などの特徴を探し出し、ソースオーディエンスと類似するユーザーに対してターゲティングを行なうことができるものです。類似オーディエンスについては、次の項目で詳しく解説します。

▶ OR条件とAND条件を使い、意図したユーザーに広告を配信

ここまで記載した３つのターゲティングにプラスして、「OR条件」と「AND条件」を設定することができます。「OR条件」とは、選択した要素があればターゲットにするという意味で、「AND条件」とは選択した条件A、条件Bの両方を満たした場合にターゲットにするという意味です。Facebook広告には、細かく分けると500種類以上のターゲティング方法があります。それらの中から最適な組み合わせを探してテストしていくことが重要です。

▶ ターゲティングの絞りすぎに注意

「AND条件」を使う際には注意点があります。Facebook広告でターゲティングを細かく設定すると、ほとんど配信されない可能性があります。Facebook広告上で表示される「潜在リーチ」という指標が配信の広狭を表わしており、「狭い」に傾くと配信されない可能性があります。この指標は広告表示の対象となるユーザー数の推定値を示しており、配信するオーディエンスを絞りすぎてクリックを獲得できないことが懸念される指標です。

ターゲティング設定を実施したときは、「潜在リーチ」を確認し、「狭い」という指標にならないよう確認しながら設定しましょう。

[確認方法] リーチ数

編集　審査

テンプレートを作成

> 対象ユーザーが
> 少なくなり、
> リーチ数が不足します

ゼロリンクのクリックを回避するには、詳細ターゲット設定オプションを削除してください

オーディエンスが狭すぎてリンクのクリックを得ることができません。オーディエンスを広げるには、詳細ターゲット設定からすべての選択を削除することをお勧めします。

詳しくはこちら

オーディエンス

狭い　広い

オーディエンスが狭すぎます。オーディエンスを広げてください。

潜在リーチ 1,100人

○ ウェブサイト
○ アプリ
　宣伝するアプリを選択してください。Facebookの開発者サイト▪▪▪▪▪▪▪▪▪▪▪▪
　どのアプリでも宣伝することができます。アプリインストール広告のヘルプはこちら
○ Messenger
　宣広告からあなたのビジネスとのMessengerスレッドに利用者を誘導できます。広告は
　Messengerを開く可能性が高い人に表示されます。
○ WhatsApp
　ます広告がクリックされると、あなたのビジネスとのメッセージスレッドがWhatsApp
　で開きます。広告はWhatsAppを開く可能性が高い人に表示されます。

1日の指定結果

リーチ
1.6K〜1.6K

リンクのクリック
0件

ダイナミッククリエイティブ　オフ ●
画像や見出しなどクリエイティブ要素を追加すると、オーディエンスに合わせて最適化する形で、それらの組み合わせが自動的に生成されます。1件または複数の要素に応じて、さまざまなフォーマットやテンプレートが含まれる可能性があります。詳しくはこちら

推定値は、過去のキャンペーンデータ、入力された予算、マーケットデータ、ターゲット設定、広告の配置などの事実に基づいています。この数値は、あくまで推定された予算でのパフォーマンスの大まかな推定値で、結果を保証するものではありません。

これらの推定は役に立ちましたか？

予算と掲載期間

1日の予算

¥1,000円

応用

既存顧客に類似した ユーザーに配信

類似オーディエンス機能を使うと、設定したオーディエンスと関連度の高いユーザーに配信できます。過去購入ユーザー、サイト訪問者、興味・関心で設定したオーディエンスと似たユーザーに配信できる仕組みです。

▶ 既存顧客を起点にオーディエンス設定

　　類似オーディエンスとは、既存の顧客と共通の特徴や似た傾向を持つユーザーをターゲットに広告を配信する機能です。類似オーディエンスを作成する際は、自社のアカウントが保有しているソースオーディエンスから設定できます。ソースオーディエンスとは、たとえば既存顧客の電話番号やメールアドレス、サイト訪問者を指します。

　　類似オーディエンスを作成する際には、類似オーディエンスのサイズを自分でコントロールでき、1〜10％の拡張レベルの中から選択できます。拡張レベルが低いほど類似度の精度は高く、逆に拡張度を高く設定するほど、ターゲティングできるユーザー数は増えますが、類似度が低くなる仕組みです。

　　最初は3％程度の高い類似度からはじめ、目標のコンバージョン単価の範囲内で推移していれば、徐々に類似度を5％、7％と広げていき、もっとも多くの見込み顧客にアプローチしながら、高いパフォーマンスを達成できる類似度を見つけましょう。

　　類似オーディエンスは最初から使うものというよりは、成果が出た

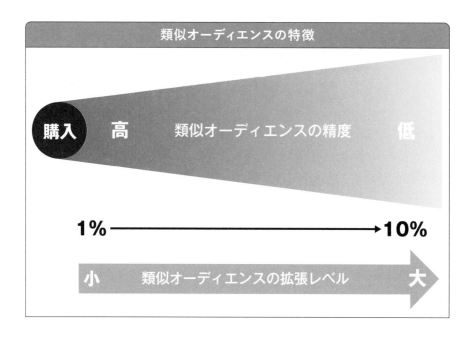

類似オーディエンスの特徴

購入　高　類似オーディエンスの精度　低

1% ⟶ 10%

小　類似オーディエンスの拡張レベル　大

オーディエンスを拡張する際に使用するのが一般的です。たとえば、リマーケティングや顧客リストを基にしたオーディエンスを使用し、成果が出た際は類似機能を使用して拡張していくという流れです。

▶ ソースオーディエンスによって変わる類似オーディエンスの成果

　類似オーディエンスを設定する際に、どのようなソースオーディエンスを設定するのかによって成果は変わります。たとえば、過去購入してくれた顧客と、サイトの訪問者、詳細ターゲティングで設定したソースオーディエンスのどれを類似ユーザーにするかで、成果が変わることがあります。

　類似度の拡張レベルと、ソースオーディエンスの掛け合わせが重要だとおさえて、類似オーディエンスを活用しましょう。

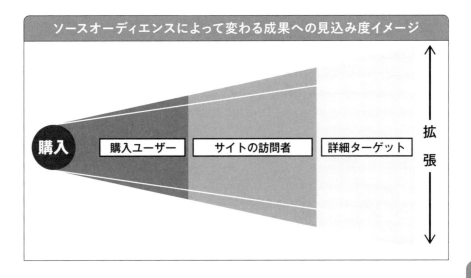

▶ リストのサイズは1,000〜50,000が推奨

　類似オーディエンスを使用する際の注意点として、拡張する前のリストサイズは1,000〜50,000が推奨されています。配信に必要な最低リストサイズは100からですが、類似オーディエンスとして拡張する際のデータがどれくらいあるのかも確認してから設定を進めるようにしましょう。

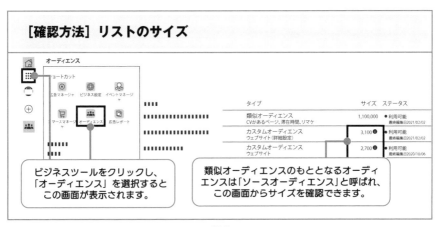

▶ 類似オーディエンスの設定方法

　最後に、実際の作成方法について紹介します。例として、過去サイトに訪れたユーザーの類似オーディエンスを作成します。

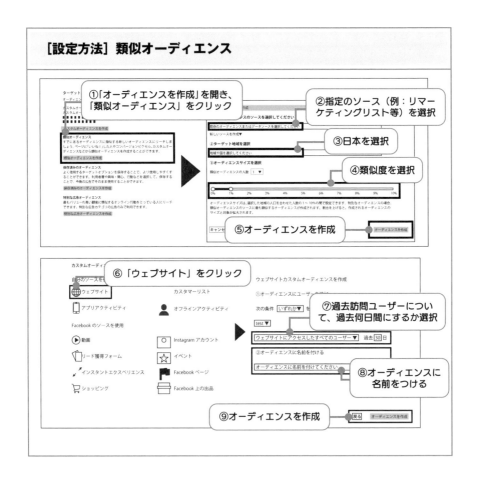

インプレッション課金と クリック課金を使い分ける

Facebook広告の課金形態をおさえた上で、より多くのユーザーをサイトに誘導させる方法を解説します。広告の配信結果を見て適切な課金形態を選択することが必要です。

▶ インプレッション（IMP）課金とは

　　インプレッション（IMP）課金は、広告が表示されたときに費用が発生する方式です。CPM（Cost Per Mile）課金という名称で呼ばれることが多く、広告表示1,000回あたりの費用を指します。

　　CPM課金を選択した場合、「CPM＝表示にかかる費用÷表示回数×1,000」で課金計算されます。

▶ クリック（CPC）課金とは

　　クリック課金は、広告がクリックされた際に費用が発生する方式で、CPC（Cost Per Click）課金とも呼ばれます。ユーザーがクリックした際に費用が発生します。広告に興味のあるユーザーに対してのみ広告費が発生する方式といい換えることができます。無駄な費用が発生しづらい課金形態です。

　　CPC課金を選択した場合は、「CPC＝クリックにかかる費用÷リンクのクリック数」で課金計算されます。

▶ インプレッション／クリック課金の選択でサイトへの流入数が変わる

Facebook広告のおもな課金形態として、インプレッション課金とクリック課金があります。どちらがいいということではなく、それぞれの機能を理解したうえで正しい選択をする必要があります。

	インプレッション課金 （CPM課金）	クリック課金 （CPC課金）
課金形態	1,000回の広告表示に対して費用が決まる	1クリックに対して費用が決まる
メリット	広告の表示回数が最大化されるので「認知」拡大に向いている	クリックした際にしか課金されないので無駄な費用が発生しづらい
デメリット	クリック数に関係なく費用が発生するので、クリックされない広告を配信してしまった場合でも費用を払わなければならない	広告の評価や入札単価が低いとインプレッションが少なくなってしまう

カルーセル広告で配信できる 3つの視点の訴求軸

カルーセル広告とは、複数の画像や動画を並べて配信できる広告です。画像単体よりも多くの情報を伝えることで、クリック率とコンバージョン率の向上が期待できます。カルーセル広告の活用方法を解説します。

▶ カルーセル広告とは

　　カルーセル広告とは、図のような複数の画像や動画を並べることができる配信フォーマットです。画像、動画、ストーリーズ画像、スライドショーの4つのフォーマットが利用できます。複数の画像や動画を使用できるので、商品の訴求点をより多く伝えることが可能な広告フォーマットです。クリック率、コンバージョン率の高い広告作成をめざしてこの広告フォーマットを使用してみましょう。

▶ Facebookカルーセル広告の活用例

　カルーセル広告の特徴を踏まえたうえで、具体的な活用例を紹介します。下の３点がおもな活用方法です。

1　商品・サービスを購入する理由やメリットを複数記載できる

　１つの商品・サービスの広告を配信する際に、強みを複数訴求すると効果的です。たとえば、実績、メリット、使用イメージなどを合わせて伝えます。ユーザーに商品の全体像を伝えることが重要です。

2　商品カタログのイメージで配信できる

　カルーセル広告はそれぞれの画像に異なるURLを設定できるため、商品カタログのように複数の商品を並べ、それに合わせたURLを設定することが効果的です。

3　ストーリー形式で記載できる

　商品の魅力や使い方をストーリー形式で訴求する際に使用します。実際のお客様アンケートの内容を記載することで訴求内容の信憑性を上げることも期待できます。

▌カルーセル広告の配信要件

掲載面	Facebook／Audience Network／Messenger	Instagram
画像枚数	2〜10枚	
画像サイズ	〜30MB、1,080〜1,080（推奨）	
動画サイズ	〜4GB	
動画の長さ	〜240分（推奨15秒まで）	〜15秒（ストーリーズ） 〜60秒（フィード）

［設定方法］　カルーセル広告

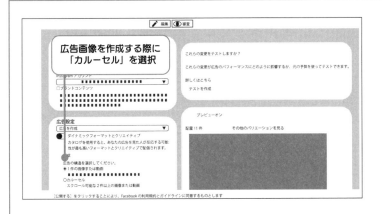

広告画像を作成する際に
「カルーセル」を選択

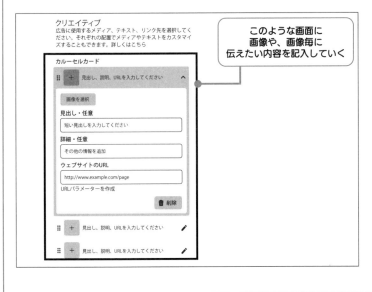

クリエイティブ
広告に使用するメディア、テキスト、リンク先を選択してください。それぞれの配置でメディアやテキストをカスタマイズすることもできます。詳しくはこちら

このような画面に
画像や、画像毎に
伝えたい内容を記入していく

動画広告で
画像よりも魅力的に配信

Facebook広告では画像だけではなく、動画広告を配信することができます。画像よりも多くの情報を短時間で効果的に伝えられるため、パフォーマンスが高くなりやすい点が魅力です。

▶ 動画フォーマットでパフォーマンス向上

Facebookにおける動画フォーマットと画像フォーマットを比較分析したところ、動画フォーマットは画像フォーマットに比べて約4倍クリック率が高いケースもありました。

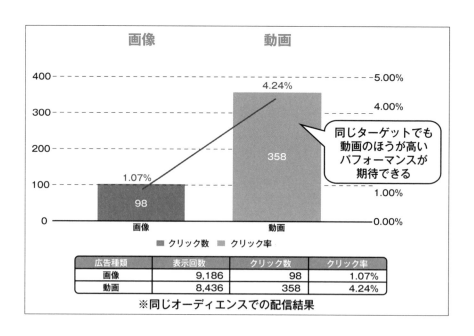

広告種類	表示回数	クリック数	クリック率
画像	9,186	98	1.07%
動画	8,436	358	4.24%

※同じオーディエンスでの配信結果

動画は多くの情報を短時間で伝えることのできるフォーマットです。動画は画像よりも商品を魅力的に伝えることができるため、クリック率が高くなったといえるでしょう。商品の魅力づけや、広告のクリック率向上のために、動画フォーマットを積極的に利用しましょう。

▶ 動画フォーマットのメリット

　動画フォーマットを配信するメリットは大きく2つあります。

1　画像と比較して動画は目立ちやすい

　人間は本能的に動くものを追いかける習性があり、動画は目に止まりやすいといわれています。シンプルですが、動画がクリックされやすい1つの理由です。

2　画像より多くのメッセージを伝えられる

　動画は画像より短時間で多くの情報を伝えることができます。画像では伝えきれなかった商品・サービスの魅力を最大限打ち出せるようなクリエイティブを作成しましょう。

▶ Facebook広告で配信できる動画広告の種類

　Facebook広告では4つの種類の動画広告が配信できます。それが、「インストリーム広告」「フィード広告」「ストーリーズ広告」「リール広告」です。それぞれの特徴を紹介します。どこにどのような広告が配信できるか見ていきましょう。

▐ 動画広告の種類

インストリーム広告	動画を視聴する途中か、再生前後で流れる5〜16秒の動画広告。見たい動画の間に流れるので広告を見てくれる可能性が高いといわれる。
フィード広告	タイムラインで表示される広告。この形式の広告は友達の投稿と近く、ユーザーの視覚に自然に入るので見てもらいやすい。
ストーリーズ広告	ストーリーズ面に配信される、スマホの画面いっぱいに広告が映し出される広告。アパレルの商品であればモデルの全体像を映す形で配信するなど、配信面の利点を活かせるように「9：16」のフル縦長と呼ばれるサイズの動画を活用するのがお勧め。
リール広告	Instagramのリール面に配信される動画広告。ストーリーズ広告同様にスマホの画面いっぱいに映し出される。

▶ 動画作成の4つのポイント

　動画を作成する際は、4つのポイントを意識しましょう。

1　商品を大きく見せる

　具体的に購入を促したい商品を大きく表示させるようにしましょう。実際に使用している様子を訴求するのも効果的で、購入後の使用イメージを明確に伝えられるような動画が好ましいでしょう。

2　冒頭に一番伝えたい内容を打ち出す

　冒頭でインパクトを与える構成にすることです。たとえば、期間限定セールを訴求するのであれば、「人気商品が○％OFF」などを伝えることがあげられます。

3　配信する動画は15秒まで

　動画は長すぎても、あるいは短すぎても、ユーザーの動機づけにはつながりません。15秒程度の動画がもっとも高いパフォーマンスを

得ています。

4　買うべき理由と次のアクションを促す

　広告を見たユーザーが「ほしい」「魅力的だ」と思うことがもっとも重要ですが、広告をクリックしたユーザーが次にどのようなアクションをとるべきかも、動画内で打ち出しましょう。

　ユーザーが自社で商品を買う理由を動画内に入れることと、来店や会員登録など次のアクションを入れることで、コンバージョン率アップが期待できます。

スライドショー広告で簡単に動画配信

動画を簡単に作成できる「スライドショー広告」があります。動画広告のようにパフォーマンスが高くなりやすいクリエイティブを短時間で作成できます。

▶ スライドショー広告とは

　スライドショー広告とは、複数の画像を組み合わせて、動画のようなクリエイティブに見せるフォーマットのことです。動画フォーマットと同様、ストーリー性を持たせることができます。動画広告に比べて制作工数をかけずに、視聴したユーザーの印象に残りやすいのが利点です。また、動画が視聴できないネット環境でも、スライドショー広告なら、スマートフォンなどを使って適切に利用することができます。

▶ スライドショー広告のメリット

1 短時間かつ安価で作れる

　動画を作成する場合、動画作成ツールや素材、実際に作成を進めるスタッフなどが、それぞれのシーンで必要になります。動画1本を作成するだけでも少なからず時間とお金がかかります。一方で、画像やテキストを組み合わせたスライドショーであれば、運用担当者でも作成可能なため、短時間で費用をかけずに作成することが可能です。

2　簡単に動画を作成できる

　Facebook広告の管理画面で簡単に作成することができます。画像の種類や、切り替わり方、秒数などを直感的にカスタマイズすることができます。

3　タイムラインで自動再生される

　Facebookの動画広告はタイムラインで自動再生されるので目立ちやすく、画像よりメッセージを伝えやすいメリットがあります。一般的には作成に時間がかかる動画広告ですが、このスライドショー広告を使用することで、より簡単に動画広告のメリットを取り入れた広告を配信することができます。

［設定方法］スライドショー広告

1 キャンペーンと広告セットの設定

　ビジネスマネージャにログインし、キャンペーン広告セットの順番で設定を進めます。キャンペーンの目的は「ブランドの認知度アップ、リーチ、トラフィック、エンゲージメント、アプリのインストール、動画の再生数アップ、リード獲得、メッセージ、コンバージョン、カタログ販売、来店数の増加」の中から選択します。

2 スライドショーの設定

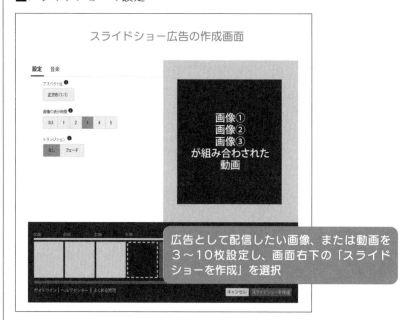

3 メインテキストとリンク先の設定

　最後に、このスライドショーのメインテキスト（説明文）を記入します。メインテキストの記入が終われば、リンク先となるURLを入れて完成です。

「最初の３行」で クリック率の高い広告文を作る

広告文を作成する上で、「適切な文字数」にまとめることは難しい作業です。ここではクリック率の高い広告文を作成するポイントをまとめます。

▶ Facebook広告は最初の３行しか見えない

　　人が一度に読み取れる文字量は13〜15文字といわれます。ユーザーが広告を視認するのは一瞬なので、広告文は短く端的にまとめましょう。

　　また、Facebook広告の場合、図のように設定した広告文の文字数が３行を超えると、その後の文字はすべて省略されます。代わりに「see more」（もっと見る）というボタンが設定される仕様で、「see

more」を押した人しか全文が読めません。つまり、伝えたい重要な
ポイントは最初の3行にまとめる必要があります。

▶ 推奨の文字数

Facebook広告は配信する広告によって、表示される文字数が変わ
ります。表の文字数が推奨設定です。端的にまとめられるほど広告の
クリック率は高くなります。

	画像広告	動画広告	コレクション広告	カルーセル広告
メイン テキスト	125字以内	125字以内	125字以内	125字以内
見出し	40字以内	40字以内	40字以内	40字以内
説明	30字以内	30字以内	—	20字以内

▶ クリックされやすい広告文の4つのポイント

1 ユーザーが広告をクリックする理由を考える

ターゲットにするユーザーのペルソナに合わせ、自社の商品、サー
ビスを購入する理由を表現する必要があります。訴求点が複数ある場
合は可能な限りリストアップし、誰に対してどのような訴求内容がい
いかを考えると整理しやすいでしょう。

2 伝えたいメッセージは上部に入れる

限られた文字数の中で、広告文を作成しなければなりません。一番
ユーザーに伝えたいメッセージは広告の冒頭に入れましょう。

3 数値を入れて表現する

広告文に具体的な数値を入れることにより、説得力を高めることが

できます。「販売本数1万本突破」や「年間1,000件を超える相談実績」「今だけ、20%off」などが具体例です。強みを数値に変換することで、ユーザーに伝わりやすい広告になります。

4　タイトルに符号を活用する

【緊急告知】など、目を引く符号を利用すると、伝えたいことが目に止まりやすくなります。文字ばかりの広告文ではなく、こうした視覚的工夫を入れるのもお勧めです。

応用

いいね! 広告で
リーチ数を伸ばす

いいね! を集めることに特化したFacebook広告（以下、Like Ad）があります。普段の投稿のリーチ数を拡大する施策です。サイトへのアクセスを増やす土台作りのために、「Like Ad」を活用しましょう。

▶ Like Adとは

Facebook広告には２種類の広告が存在します。

１つ目がリンク広告（以下、Link Ad：リンクアド）と呼ばれる広告にサイトのリンクを設定できる広告です。購入数を増やしたいときに使われることが多い広告です。

２つ目は「Like Ad（ライクアド）」と呼ばれる、いいね! を集めることに特化した広告です。「投稿」からサイトへの流入数を増やす土台作りのために使用します。配信方法や配信される広告はLink Adと基本的に同じで、Facebookにのみ配信される広告です。

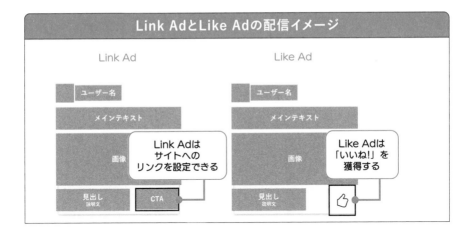

▌Link AdとLike Adの違い

	Link Ad	Like Ad
使用目的	申し込み、販売など自社のサービスや商品をユーザーに訴求できる	フォロワーを獲得し、投稿を数多くのユーザーに届ける土台が作れる
メリット	外部リンクへ誘導できる 広告フォーマットも豊富なため、商品、サービスのよさを訴求しやすい	いいね！ フォロワーを獲得しやすい配信フォーマットが使える
配信場所	Facebook、Instagram、Messenger、Audience Networkに配信可能	Facebookのみに配信可能
テキスト	・メインテキスト：125字 ・見出し：40字 ・リンクの説明：30字	メインテキスト：90字以内

▶ Like Adの活用シーン

　投稿は、ページに「いいね！」を押してくれたユーザーに表示されます。リーチ数に伸び悩んでいるケースや、早く、数多くのユーザーに投稿を届けたい場合は活用していきましょう。

ユーザーごとにメッセージが変わるダイナミック広告

配信する内容がユーザーに合わせて自動的に変わる広告を「ダイナミック広告」と呼びます。リマーケティングと組み合わせると、ユーザーが見た商品詳細ページの商品を広告として配信できます。

　　ユーザーが本当に必要としている情報を広告として配信できれば、クリック率やコンバージョン率が高くなります。個々のユーザーに合わせていくつも広告を作るには限度があります。そこで活躍するのが「ダイナミック広告」です。

　　たとえば、50個以上の商品を掲載しているECサイトの場合、一つ一つの商品画像を作成して配信していたものが、一度設定するだけで、ユーザーに合う広告が自動で選定されて配信できるようになります。クリック率、コンバージョン率ともに、手動で設定するより高い結果が期待できます。

▶ ダイナミック広告でできること

　　ダイナミック広告では以下の3つのことが可能です。

1　ユーザーの行動や興味・関心に関連するクリエイティブが配信できる

　　たとえば、サイトやアプリ上で商品の閲覧をしただけで、購入まで至らなかったアイテムを広告配信したり、カートには入れたが、購入をしていないユーザー（カゴ落ち）にその商品を配信したり、行動履歴（ログ）をもとに配信する広告が自動選定されます。

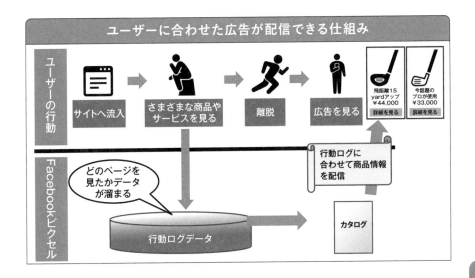

2 ユーザーの行動履歴に合わせて配信する画像の自動選定

サイトやアプリにアクセスしていなくても、類似の商品に興味を示したユーザーに広告配信するなどして、新規顧客が興味を持ちそうな商品画像を配信できます。

3 サイトと広告を連動させ、新商品の訴求をシームレスに

新商品をサイトにアップすると同時に、自動的に広告に反映させることも可能です。一度設定すれば、新商品のアップと広告配信を連動させることができ、新商品のページを訪れたユーザーに対し、その新商品の広告を配信することができます。

▶ ダイナミック広告の配信要件

　ダイナミック広告はサイトの形式やビジネスモデルによって設定内容が異なるため、大きな3ステップの流れをご紹介します。

---

1 カタログの作成、入稿

　下の画面から「カタログ」を作成。自身のビジネスに合うものを選択します。

　その後、自身のビジネスモデルを選択し、具体的なカタログの入稿方法を選択します。手動で1件ずつ商品情報を追加する方法もあれば、Excel、Googleスプレッドシートに商品情報を記載したものを入稿する方法、サイトとFacebookピクセルを自動連携させる方法などがあります。

2 イベントパラメータの入稿

　どのサイトを見たユーザーにどの広告を配信するのか、というルールを決めるためのタグをサイトに設定します。Facebook広告では「イベントパラメータ」という名称のコードを設定することでターゲティングの精度がより向上します。

3 キャンペーンの作成

　1、**2**が終わったら、「新しいキャンペーンの作成」をクリックし、目的
は「カタログ販売」を選択します。

　このキャンペーンに作成したカタログを紐づけ、広告セットの設定で宣
伝したい商品を選定します。「見出し」と「説明文」の広告テキストを設定
して完了です。

広告効果の最適化対象は
週50件獲得できる指標を選択

広告を配信し、どんな結果を得たいのかを選択するオプションがあります。キャンペーンを作成する際の「目的」という部分と混同されがちですが、その違いと「最適化」をどのように選択していくべきかを解説します。

▶ 最適化対象とは

　　Facebook広告は「ターゲットに最適な人」「広告を表示すべき時間帯」「使用すべき配置とクリエイティブ」をそれぞれ機械学習して自動的に調整しています。この機能を活用する際に、「最適化対象」を合わせて選択すると、より伸ばしたい項目を自動的に伸ばそうとしてくれます。たとえば、リンククリックを最適化対象にした場合は、ターゲットとしているユーザーの中でリンククリックする可能性が高い人に広告が表示されやすくなり、コンバージョンを選択するとコンバージョンしやすいユーザーに広告配信されやすくなるという仕組みです。

▶ 選べる最適化対象一覧

　　Facebook広告では「目的」という項目をキャンペーン作成時に選択し、選んだ目的により「選べる最適化対象」が変わってきます。右の表を確認して、これから配信する広告の最適化対象は何を選択するのかをイメージしましょう。

　　この最適化指標は、週に50件獲得できるデータ量がなければ機械学習が満足にできず、最大限の効果を引き出すことができないといわ

キャンペーンの目的別最適化対象一覧

ブランドの認知度アップ	リーチ	トラフィック	メッセージ
広告想起リフト	リーチ	ランディングページビュー	返信
	インプレッション	リンククリック	リード
		デイリーユニークリーチ	

エンゲージメント	アプリのインストール	動画再生数	リード
エンゲージメント	アプリのインストール	ThruPlay	リード
ページへの「いいね！」	リテンション	動画の10秒再生数	
イベントへの参加	アプリイベント	動画の2秒以上の継続的な再生	
	金額		
	リンククリック		
	動画の10秒再生数		

コンバージョン	カタログ	来店数
コンバージョン	コンバージョンイベント	デイリーユニークリーチ
金額	金額	来店数
ランディングページビュー	リンククリック	
リンククリック	インプレッション	
インプレッション		
デイリーユニークリーチ		

れています。Facebook広告の機械学習を使いこなす上で、週に50件
獲得できる最適化指標を選択しましょう。

▶ 最適化対象の選択を誤るとオークションに悪影響を及ぼす

　　基本的にFacebook広告はオークションシステムが採用されています。
　　たとえば、「子育て」に興味・関心があるユーザーに対してA社、B
社ともにターゲティングしている場合、オークションで競り合い、「全
体的な価値」が高い企業の広告が表示されるシステムです。全体的な
価値を構成するのは、下の要素です。

全体的な価値 ＝ 入札価格 × 推定アクション率 × 広告品質

1 全体的な価値とは

広告のランクづけをする最終指標です。入札価格、推定アクション率、広告品質で構成されます。

2 入札価格とは

広告主が広告に設定した入札価格です。入札の上限単価設定や、入札戦略によって決まります。

3 推定アクション率とは

「最適化対象」に選んだ行動をユーザーが過去に取ったか、配信した広告は「最適化対象」に選んだ行動を促せたか、という指標です。

最適化対象は50件以上獲得できるものに設定していきましょう。

4 広告品質とは

「ユーザーにとって有益な情報であるか」という視点でFacebookが判断する指標です。ユーザーが非表示にした広告、ネガティブフィードバックがあった広告、クリックされない広告など、さまざまな点から評価されます。

▶ コンバージョンが週50件に満たない場合の最適化指標

理想はコンバージョンデータを基に最適化させることですが、現実的にそれが難しい場合は「カゴ落ち」や「ランディングページビュー」など、コンバージョンの手前段階の指標を選択するようにしましょう。

応用

A/Bテスト機能で
成果につながる広告がわかる

より成果を出すには、A/Bテストをしてクリック率、コンバージョン率の高い広告を見つけることが大切です。A/Bテストの仕組みと設定方法を解説します。

▶ A/Bテストとは

　A/Bテストとは、画像や広告文、配信対象などを最適化するために実施するテストの１つです。画像や広告文といった特定の要素を変更したAパターン、Bパターンの広告を作成し、それぞれの成果を比較することで、より高いパフォーマンスが得られる広告を見つけることができます。

▶ A/Bテストの実施方法

　Facebook広告でA/Bテストを実施する方法は複数あります。どの項目（画像・広告文・ターゲットなど）をテストしたいのか、どこでA/Bテストを作成するのかに応じて設定方法が異なります。

　今回はツールバーを使用したA/Bテストの手順を解説します。

［設定方法］ A/Bテストの実施方法

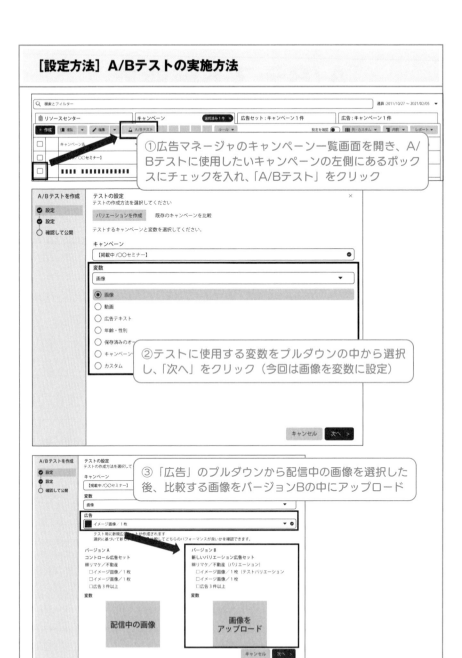

①広告マネージャのキャンペーン一覧画面を開き、A/Bテストに使用したいキャンペーンの左側にあるボックスにチェックを入れ、「A/Bテスト」をクリック

②テストに使用する変数をプルダウンの中から選択し、「次へ」をクリック（今回は画像を変数に設定）

③「広告」のプルダウンから配信中の画像を選択した後、比較する画像をバージョンBの中にアップロード

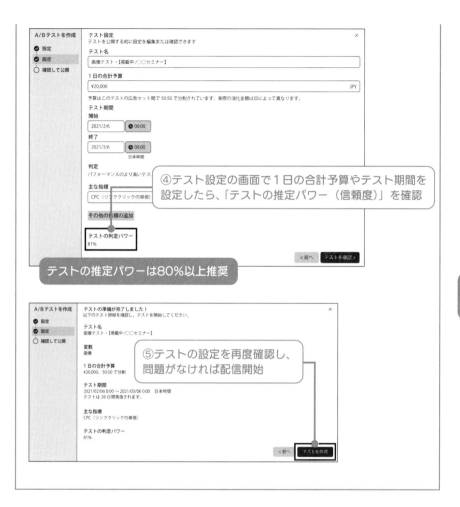

④テスト設定の画面で1日の合計予算やテスト期間を
設定したら、「テストの推定パワー（信頼度）」を確認

テストの推定パワーは80%以上推奨

⑤テストの設定を再度確認し、
問題がなければ配信開始

　テストが終わったら、結果の検証を行ない、次の施策を考えます。テストした結果を見るだけではなく、テストを実施する前に立てた仮説が正しかったのかどうかを判断します。

仮説	・画像より動画広告のほうが魅力が伝わり、購入数が増えるのではないか。改善したい指標はコンバージョン率である
結果	・仮説通り、動画広告のほうが画像より購入数が多くなった
検証	・画像だけでは伝えきれなかった商品の使用イメージ、魅力を動画で伝えることにより、画像と比較すると○%コンバージョン率が上がった。動画広告のほうが購入へのモチベーションを上げることができる可能性が高いので、今後は動画広告を複数作成し、新たなA/Bテストを行なう

　このような形でA/Bテストを繰り返し、改善を積み重ねていくことで、成果を最大化することができます。

応用

自動ルールを活用して
効率的なパフォーマンス改善

「自動ルール」とは、自動的に広告をオフにしたり、アラートメールを飛ばしたり、設定した「ルール（条件）」を満たした動きを実行する機能です。広告運用の効率化と、異常検知に役立ちます。

▶ 自動ルールとは

　Facebook広告には「自動ルール」という機能が存在します。自動的に広告をオフにすることや、アラートメールを飛ばすなど、設定した「ルール（条件）」を満たした動きを実行してくれる機能です。この機能を使いこなして、広告運用の効率化と、異常検知、早期改善を実現しましょう。

▶ 自動ルールでできること

　自動ルールで指定できる主要な条件を次のページに記載しました。この中から組み合わせて自社に必要なルールを作ってみましょう。
　図ではキャンペーン単位での自動ルールの例を記載しています。同様の条件で、「広告セット」、「広告」にもこの自動ルール機能を適用することができます。

自動ルールで設定できるおもな項目

期間	適用先	条件
通算	キャンペーン1件	消化金額
今日	キャンペーン1件のアクティブな広告セット	通算消化金額
昨日	キャンペーン1件のアクティブな広告	フリークエンシー
過去2日間	アクティブなすべてのキャンペーン	結果
過去3日間	アクティブなすべての広告セット	結果の単価
過去7日間	アクティブなすべての広告	アプリインストール数
過去14日間		アプリインストール単価
過去28日間		アプリインストールでの購入（ROAS）
過去30日間		サイトでの購入（ROAS）
今日を含む		インプレッション
過去2日間（今日を含む）		リンクのクリック数
過去3日間（今日を含む）		リンククリック単価
過去7日間（今日を含む）		CPM
過去14日間（今日を含む）		リンククリック率
過去28日間（今日を含む）		リーチ
過去30日間（今日を含む）		
過去7日間		

条件の範囲	アクション	頻度
次より大きい	キャンペーンをオフにする	30分毎
次より小さい	キャンペーンをオンにする	毎日
次の範囲に入る	お知らせのみ送信	曜日別に何時にチェックする指定
次の範囲外	予算を調整	
	1日の予算の増額	
	1日の予算の減額	
	通算予算の増額	
	通算予算の減額	

　設定するルールは、人によってさまざまですが、いくつかお勧めの
ルールを以下にまとめます。

1　広告の停止アラート

　配信を「オン」にしている広告が動いていない場合に、メールが配
信されるルールです。稀にクレジットカードの有効期限が切れて広告
が停止したり、ポリシーの影響によって広告が動かないといったこと
が発生します。アクシデントにいち早く気づくために、作成しましょう。

2　成果アラート

　目標のCPAの1.5倍以上になった際にアラートが通知されるように
設定します。成果が出ない広告を継続配信する状況が続かないように

設定しておきましょう。

3　フリークエンシーアラート

　フリークエンシーとは、広告が同じ人に何回表示されているのかを表わす指標です。この数値が4以上になった場合にはターゲティングの見直しや、クリエイティブの見直しを検討したほうがいい指標になります。アラートを通知して、次の一手を考えたほうがいいでしょう。

4　成果のいい広告の拡張アラート

　「目標のコンバージョン単価で運用できているなら日予算を上げる」というルールです。ビジネスの拡大をめざしている方には特にお勧めのルールです。

6章

Facebook広告

［設定方法］キャンペーンのルールを作成する場合の手順

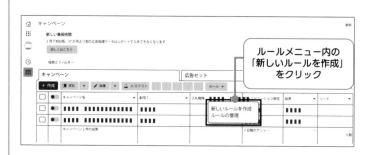

ルールメニュー内の
「新しいルールを作成」
をクリック

設定したいルールを
作る

※広告セットのルールを設定する際は、広告セット一覧の画面から広告セットごとのルールを作成できます。

7
章

LINE広告

8,900万人もの人が使っているSNSがLINEです。
多くの人にメッセージを伝えたいなら、外せないプ
ラットフォームといえるでしょう。LINE広告は
日々、進化しています。ネット広告の担当者は、
LINE広告のアップデートに意識を向けましょう。

日常のコミュニケーションに溶け込むLINE広告

LINE広告は、SNSとして国内最大級のユーザー数を誇るLINEユーザーに向けて広告を配信できるサービスです。ユーザー数の多さと独自のターゲティングを活かしたリーチ力がLINE広告の一番の強みです。

▶ LINE広告とは

　　LINE広告とは、LINEアプリと、LINE関連サービス（LINEマンガ、LINEショッピングなど）に加え、LINEと連携しているサードパーティーアプリ（合計ユーザー数1.1億MAU[※1]：2020年9月時点）へ広告配信できる運用型の広告です。画像もしくは動画を広告として配信でき、課金形態はクリック課金もしくはインプレッション課金となります。

▶ LINE広告が注目されている理由

　　LINE広告を配信する企業が増えている理由は以下3点です。

①膨大なLINE利用ユーザー数と利用率

　　LINEは日本国内でもっとも多くのユーザーを持つSNSです。LINEの公式発表によると、国内の月間アクティブユーザー数は8,900万人（2021年6月時点）で、日本の総人口の70%以上[※2]にあたります。そのうち85%のユーザーが1日1回以上使用しているというデータも公開されています。アクティブ率が非常に高いのが特徴です。

②LINEしか利用していないユーザー層へアプローチできる

LINE広告では、他のSNS（FacebookやTwitter）を利用していないユーザーにアプローチできることもメリットの1つです。LINEは、「FacebookやTwitterは使っていないが、LINEは使用しているというユーザーが約39.6％」と発表しています。他のSNS広告でカバーしきれないユーザーにアプローチできるため、新規顧客獲得の可能性も大いに見込めます。

③LINE広告の優れたターゲティング

LINE広告でも、他のネット広告のようにターゲティングを設定することが可能です。性別、年齢、地域はもちろん、スポーツやファッション、旅行など特定のカテゴリーに興味・関心のあるユーザーへの配信や、リターゲティング（他のネット広告のリマーケティングと同義）も可能です。特に、リターゲティングでは、LINE独自のタグ（LINE Tag）を活用することでリーセンシー機能（期間設定のできるリターゲティング機能）を使えるようになり、使いやすさが向上しています。

※1　MAU＝月間アクティブユーザー

※2　LINEの国内月間アクティブユーザー8,900万人÷日本の総人口1億2,541万人（令和3年4月1日現在（確定値）総務省統計局）

LINE広告に向いている企業の特徴

どのような業種でもはじめやすいのがLINE広告の魅力ですが、戦略を練らずに実施すると、失敗してしまうこともあります。LINE広告のメリットを理解しておきましょう。

▶ LINE広告に向いている企業

LINE広告は、ユーザーの日常に溶け込んでいるコミュニケーションツールであること、多くのインプレッション（表示回数）が見込めること、低単価で配信できることが特徴です。これらのことから、以下のような企業のマーケティングと非常に相性のいい広告です。

①BtoC（個人向け）商材を展開している企業
②若年層へのリーチが必要な企業
③ポスティングの反響率のいい企業、チラシが成功している企業
④クーポンを活用した販促を実施している企業
⑤庶民路線の商材を取り扱う企業

①BtoC商材を展開している企業

LINEはいわゆるオフタイムに使用される頻度がもっとも高いアプリです。そのため、BtoBよりもBtoC向け商材のほうが相性のいい媒体です。社会人をターゲットにする場合は、お昼の時間帯や、就業後の夕方以降にクリックされることを想定したクリエイティブを作り込

むことが、LINE広告のBtoCマーケティング成功のポイントです。

②若年層へのリーチが必要な企業

　LINEの発表した年代別のデータによると、20代・30代の利用率がもっとも高く、次いで10代、40代、50代となっています。特に、20代と30代の利用率は90％を超えることから、若年層へのリーチや新規顧客の獲得を検討している企業と相性のいい媒体といえます。

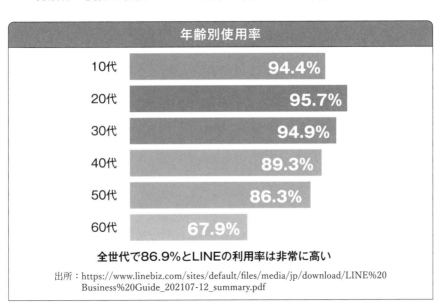

年齢別使用率

10代	94.4%
20代	95.7%
30代	94.9%
40代	89.3%
50代	86.3%
60代	67.9%

全世代で86.9％とLINEの利用率は非常に高い

出所：https://www.linebiz.com/sites/default/files/media/jp/download/LINE%20Business%20Guide_202107-12_summary.pdf

③ポスティングの反響率のいい企業、チラシが成功している企業

　LINE広告は画像で訴求できる広告であり、1クリックあたり数十円、ひと月で数十万単位のユーザーに表示させることのできる媒体です。これらは、オフラインマーケティングのチラシと同じ特性です。チラシからSNS広告へデジタルシフトしたい場合は、まずLINE広告を検討することをお勧めします。

④クーポンを活用した販促を実施している企業

　LINE独自のサービスに、LINEクーポンやLINEポイントがあります。LINEクーポンは、スマホの画面を提示するだけで、飲食店での注文や薬局・コンビニなどの商品が割引になるクーポンを利用できるサービスです。LINE広告では、クーポンのサービスを活用し、ポイント還元によるベネフィットを訴求しながら、友だち数増加や来店客数増加も期待できます。

⑤庶民路線の商材を取り扱う企業

　LINE広告は、高額商品や高額サービスのPRよりも、庶民路線のマーケティングを得意としています。高額な買い物への直接的な動機づけをすることは難しいようです。ただし、高級路線の商材でも、イメージ戦略として使うことで、「LINEで見たことがある」という印象を与えることにより、消費行動につながる余地はあります。

「クリエイティブ×ターゲティング×入札単価」

LINE広告は「何を」「誰に」「いくらで」という3つの要素を考える必要があります。3つの要素について考えてみましょう。

▶ LINE広告成功の3つの要素

　　LINE広告の配信は、以下の3つの要素をおさえて運用します。これらは特に大きく成果に影響するため、施策のプランニング時点できちんと考慮するようにしましょう。

クリエイティブ＝「何を」

　　クリエイティブとは、画像・動画・タイトル・ディスクリプション（説明文）のことを指します。クリエイティブはユーザーの行動を促す最重要項目でもあり、広告成果の70%を決めるといわれています。多くのリーチからいかにターゲティングするかに注力しがちですが、最優先はクリエイティブです。

ターゲティング＝「誰に」

　　広告を「誰に配信するか」「どういった条件のとき配信するか」を決めることです。LINE広告では、LINEターゲティング配信、オーディエンス配信、類似配信の3タイプがよく使われます。それらを組み合わせることで、届けたい人に広告を配信することができます。

入札単価＝「いくらで」

「どれくらいの費用で配信するか」を決めることです。クリック単価を上げることで配信量やクリック数が増える傾向にありますが、コンバージョン単価が高くなってしまうこともあります。広告の単価は、LINE広告の管理画面上で設定した「キャンペーンの目的」と「入札方法（自動入札または手動入札）」の組み合わせによって決まります。

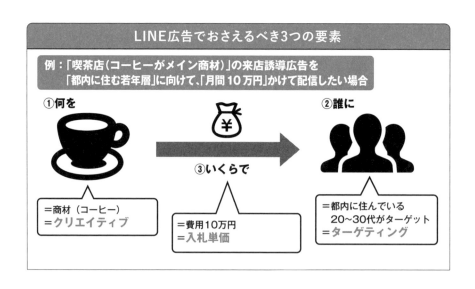

クリエイティブサイズで配信面が決まる

クリエイティブが広告の成果を大きく左右します。画像フォーマット、スライド形式のカルーセルフォーマット、ムービー形式の動画フォーマットそれぞれの配信面に配信されます。

▶ LINE広告で配信できる4つのフォーマット

　　LINE広告は画像、カルーセル、動画、画像（小）の4つのフォーマットで配信できます。各フォーマットに合わせた配信面をLINEが自動選定して配信するので、最大限のパフォーマンスを出すには、複数のフォーマットで広告配信することがお勧めです。

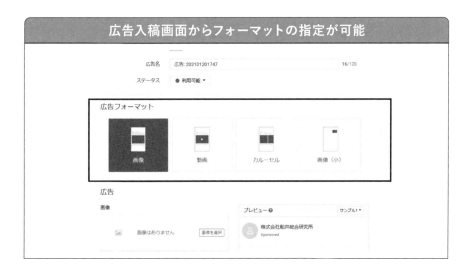

広告入稿画面からフォーマットの指定が可能

▶ 規定のピクセルサイズと文字数を超えると設定できない

画像はカード（1,200×628）、スクエア（1,080×1,080）の2つから選択可能です。ここで注意したいのが、画像のサイズです。動画フォーマットは、比率を守れば設定できるのですが、画像・カルーセル・画像（小）は、規約で定められたピクセルサイズと異なるものをアップロードすることができません（下記表を参照）。

タイトルとディスクリプションの文字数にも規約があり、画像・カルーセル・動画はタイトル20字以内、ディスクリプション75字以内での配信が可能です。画像（小）のみ特殊で、タイトル20字以内に加え、長い見出しを2つ、それぞれ17字以内で設定する必要があります。

▌画像サイズと文字数の規約

フォーマット	画像サイズ	タイトル	ディスクリプション
画像	カード（1,200×628px）	20字以内	75字以内
	スクエア（1,080×1,080px）		
カルーセル	スクエア（1,080×1,080px）	20字以内	40字以内
動画	カード（16：9）	20字以内	75字以内
	スクエア（1：1）		
	バーティカル（9：16）		
画像（小）	600×400px	20字以内	17字以内×2

px：ピクセル

▶ どこに配信されるかも要チェック

LINE広告で配信されるそれぞれの配信面で、規格となる画像サイズがすでに決まっています。一番多くの配信面に配信されるのはカードタイプとスクエアタイプで、ほぼすべての配信面に配信されます。

一方で、カルーセルタイプはLINE NEWSとタイムラインのみにしか配信されず、バーティカルタイプはタイムラインのみ、画像（小）はトークリストにしか配信されません。「今作っている広告クリエイティブはどこに配信されるのだろう？」と想定しながら画像を作成しましょう。

反対に、「この配信面に配信したいからこのクリエイティブタイプで作ろう」と画像作成の前に決めてもいいでしょう。

LINE広告は配信する画像サイズによって配信面が決まっていますが、配信面を指定できません。

LINE広告の掲載面とフォーマット一覧

	静止画				動画		
	Card (1200×628)	Square (1080×1080)	Carousel (1080×1080)	Small Imge	Card (16：9)	Square (1：1)	Vertical (9：16)
トークリスト	○	○	×	○	×	×	×
LINE NEWS	○	○	○	○	○	○	×
LINE VOOM（旧タイムライン）	○	○	○	×	○	○	○
ウォレット	○	○	×	×	○	○	×
LINEマンガ	○	○	×	×	○	○	×
LINE BLOG	○	○	○	×	○	○	×
LINEポイントクラブ	○	○	○	×	○	○	×
LINEショッピング	○	○	×	×	○	○	×
LINEチラシ	○	○	×	×	○	○	×
LINEマイカード	○	×	×	×	○	×	×
LINE広告ネットワーク	○	○	×	×	○	○	○

出所：「LINE Business Guide 2021年7〜12月期版v1.9」

クリエイティブ（静止画）

LINE広告で配信できる静止画のフォーマットは以下となっています。

※キャプチャ画像はイメージです
※配信仕様は今後変更する可能性がございます
※Carouselの最大表示件数は10件です。枠によりフォーマットは異なります。LINE Dynamic Adsは仕様が異なりますので、詳しくはP14をご覧ください。

クリエイティブ（動画）

LINE広告で配信できる動画のフォーマットは以下となっています。

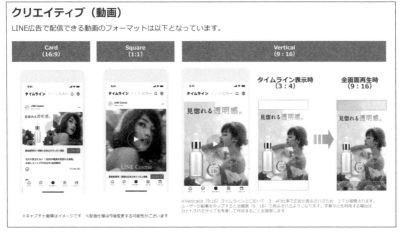

※Verticalは（9：16）タイムライン上において 3：4の比率で広告が表示されるため 上下が縮棄されます。
ユーザーが動画をタップすると全画面（9：16）で表示されるようになります。字幕などを利用する場合は
カットされるサイズを考慮して作成することを提案します。

※キャプチャ画像はイメージです　※配信仕様は今後変更する可能性がございます

出所：「LINE Business Guide 2021年7～12月期版v1.9」

▌LINE広告を配信できる広告掲載面

トークリスト	「LINE」アプリ内のトークリスト最上部
LINE NEWS	「LINE」アプリ内のニュースページ
LINE VOOM（旧タイムライン）	自分や友だちの活動をリアルタイムに投稿できるページ
ウォレット	「LINE Pay」などのLINEが提供する金融サービスの入り口
LINEマンガ	マンガ作品が楽しめるスマートフォン向け電子コミックアプリ
LINE BLOG	幅広いユーザーが情報発信の場として活用するブログサービス
LINEポイントクラブ	指定条件をクリアすることで、ポイントがもらえるサービス
LINEショッピング	幅広い商品をLINEアプリ上で購入できるショッピングサービス
LINEチラシ	地域の店舗のセール・特売情報を閲覧できるチラシメディア
LINEクーポン	全国のショップで利用できるクーポンサービス
LINEマイカード	お店の会員証などをLINEアプリでまとめて管理できるサービス
LINE広告ネットワーク	LINEファミリーアプリや3rd Partyアプリにおける広告配信面

掲載イメージ

トークリスト　　　　　タイムライン

出所：「LINE Business Guide 2021年7〜12月期版v1.9」

基礎

広告文は
短く、シンプルに、ひと言で

LINE広告は、メッセージやマンガを読みたいユーザーに配信されます。目に止まりやすく、シンプルなキャッチコピーで、ストレスなく注目される広告クリエイティブがユーザーに受け入れられます。

▶ 画像・タイトル・ディスクリプションの役割を理解する

　広告は大きく分けて、画像、タイトル、そしてディスクリプションの3要素から構成されます。そのうち、画像がもっともクリック率とコンバージョン率に影響を与え、次にタイトルとディスクリプションが影響します。そのため、ユーザーを惹きつける広告を作成するには、クリックしたくなるような画像を作り込み、その後でタイトル・ディスクリプションをブラッシュアップするのが効率的な運用方法です。

　また、LINE広告ではクリエイティブに含められるテキスト量が制限

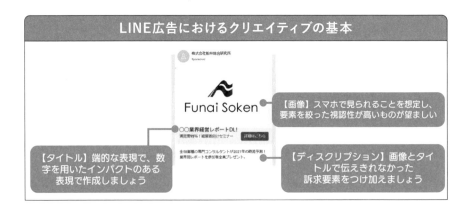

LINE広告におけるクリエイティブの基本

【画像】スマホで見られることを想定し、要素を絞った視認性が高いものが望ましい

【タイトル】端的な表現で、数字を用いたインパクトのある表現で作成しましょう

【ディスクリプション】画像とタイトルで伝えきれなかった訴求要素をつけ加えましょう

されるので、足りない情報をディスクリプションで補うのが効果的です。

　ただし、配信面によってディスクリプションが表示されない場合があります。

▶ 優先度はタイトル・ディスクリプションより画像

　LINE広告のパフォーマンスに影響するのは、タイトル・ディスクリプションよりも画像です。ユーザーの反応が悪い場合には、タイトルやディスクリプションよりも先に画像を見直すとよいでしょう。まずは、反応のいい広告クリエイティブを複数の訴求軸でテストし、反応が良好であることを確認してから、広告文の改善にあたってください。

出所：https://www.linebiz.com/jp/column/creative/20200318-01/

▶ 端的に魅力を伝えるコピーを考える

　LINEはスマートフォンに特化した広告であるため、限られたスペースで広告を配信することになります。ときには、せっかく作った広告文が「文字数の枠を超えて表示されない」「画像内の文字が小さすぎて読めない」といったことが起こります。

　LINE広告のポイントは画像をシンプルにし、広告文はなるべく短くすることです。読みやすければひと目で内容が伝わり、ユーザーの

注目を集めやすくなります。

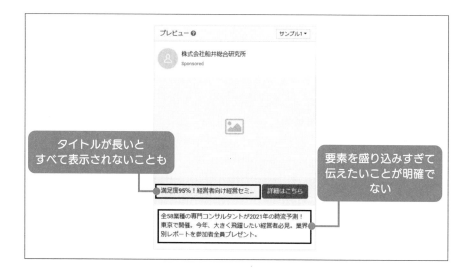

スマートフォンを意識した
画像にこだわる

伝えたい要素がたくさん盛り込まれている画像や、文字だらけの画像で見づらいと、広告効果が減少してしまいます。商品やアイキャッチは大きく目立ちやすく作成することがポイントです。

▶ なるべく要素を絞った画像を作成

　　国内のスマートフォンユーザーの多くがLINEを利用しています。LINEはスマホで使うことが多いのではないでしょうか。

　　そのため、LINEは、LINE広告の作成や運用ではスマホを意識するように促しています。もちろんLINEだけではなく、LINE広告の配信されるファミリーサービスもすべて、スマホでの利用を前提としています。伝えたいことを1つに絞り、見せたいものをズームアップするよう心がけ、視認性の高いデザインやレイアウトにしましょう。

▶ 画像に含まれるテキスト量が多いと配信が抑制される

　　LINE広告では「画像クリエイティブ内の文字数20%ルール」が設けられています。画像面積の20%を超える文字が検出された場合、広告上にエラーが表記され、否認されることはないものの、十分にインプレッション（広告が表示）されないことがあります。他の広告に比べ、インプレッションが10%まで縮小されてしまった事例もあります。もしそのようなケースに当てはまった場合、画像の修正・変更をすることが必要となります。テキストが含まれる画像は、広告承認

後にチェックしましょう。

▶ 動画クリエイティブは冒頭3秒が大切

　動画広告は、冒頭の3秒でどれほどユーザーの視線を惹きつけられるかが肝です。なぜなら、LINEのシステムは、「3秒到達率」（3秒間見られる確率）という指標を持っており、私たちが運用しているケースでその指標が高い動画は、そうでない動画に比べて広告の成果がよいという実績があるからです。

メッセージを盛り込みすぎて文字や商品イメージが小さく、視認性が悪い例

すべての要素が同じサイズ感で配置されていて、強調すべき要素が目に入ってこない例

出所：https://www.linebiz.com/jp/column/creative/20200318-01/

　LINE広告で動画広告を複数配信するなら、異なる内容の動画をいくつも作るのではなく、冒頭3秒の訴求メッセージだけを変更した動画を複数作成し、A/Bテストを行なうことをお勧めします。動画制作コストをおさえられ、かつ、動画広告におけるクリエイティブの勝ちパターンが見えやすくなります。

　3秒以上再生されるような動画クリエイティブを作るポイントは、画像広告のクリエイティブと同様、インパクトのある内容をいかにシンプルに伝えられるかです。

LINE広告の３つの
ターゲティング配信を活用する

「誰に」配信するかを考えましょう。クリエイティブが、届けたい人にきちんと届くよう、LINE広告でできるターゲティング配信を理解しておきましょう。

▶ LINE広告の３つのターゲティング

　LINE広告では大きく、①LINEターゲティング配信、②オーディエンス配信、③類似配信の３タイプがよく使われます。それぞれの特色を理解して配信設定を行なうことで、届けたいユーザーに広告を届けることができます。

▶ 基本となるLINEターゲティング配信

　LINEターゲティング配信とは、年齢・性別・地域・趣味・関心でターゲットを指定する方法です。基本となる配信方法で、広告グループ作成時に、LINEターゲティング配信を設定するよう誘導されます。

　たとえば、東京都の学生向けに化粧品を販売したい場合は、配信エリアを東京都内、性別を女性、年齢を15〜24歳、趣味・関心をファッション・美容と設定することができます。趣味・関心データを除くこれらのデータは、ユーザーがLINEアカウント発行時に設定した「みなし属性※」に基づいて配信されるため、精度は非常に高いといえます。

※みなし属性とは：ユーザーが「LINE」上で購入・使用したスタンプや興味のあるコンテンツのほか、どのようなLINE公式アカウントと友だちになっているかといった傾向をもとに分析（電話番号、メールアドレス、アドレス帳、トーク内容等の機微情報は含まない）したもの。属性情報の推定は統計的に実施され、特定の個人の識別は行なっていません。また、特定の個人を識別可能な情報の第三者（広告主等）の提供は実施していません。

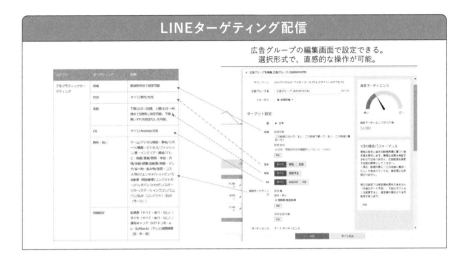

▶ さらにユーザーを特定したいならオーディエンス配信

　さらに限定的な条件で配信するには、オーディエンス配信が有効です。自身で設定した条件をもとにLINE広告上でオーディエンスデータを溜め、そのユーザーのみに配信する方法です。たとえば、「LINE広告上で購入してくれたユーザー」でオーディエンスを作成し、そのオーディエンス向けに広告配信設定をすると、そのユーザーにのみ配信されるといった具合です。この特性を活用して、再購入を促す広告を作成、表示させることで、リピーター獲得を狙うことができます。

　LINEで設定できるオーディエンスは、次ページの図のように複数あります。ウェブトラフィックオーディエンス、モバイルアプリオーディエンス、IDFA/AAIDアップロード、電話番号アップロード、メールアドレスアップロード、LINE公式アカウントの友だちオーディエンス、類似オーディエンス、動画視聴オーディエンスから選択することができます。

7
章

LINE広告

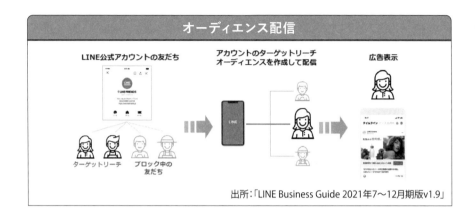

オーディエンス配信

LINE公式アカウントの友だち

アカウントのターゲットリーチ
オーディエンスを作成して配信

広告表示

ターゲットリーチ　ブロック中の
友だち

出所：「LINE Business Guide 2021年7〜12月期版v1.9」

設定できるおもなオーディエンス

オーディエンス ターゲティング	ウェブトラフィック オーディエンス	サイト訪問や購入済みなど ウェブサイトの行動履歴を もとに作成可能
	モバイルアプリ オーディエンス	初回起動やアプリ内課金など アプリ内のイベントをもとに 作成可能
	IDFA/AAID アップロード	自社で持つIDFA/AAIDを アップロードすることで作成可能
	LINE公式アカウントの 友だちオーディエンス	LINE 公式アカウントの友だちをもとに 「有効友だち」と「ブロック中の友だち」で 作成可能

［設定方法］オーディエンス配信

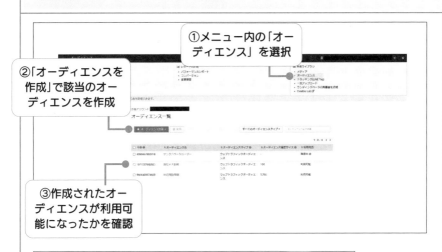

① メニュー内の「オーディエンス」を選択

② 「オーディエンスを作成」で該当のオーディエンスを作成

③ 作成されたオーディエンスが利用可能になったかを確認

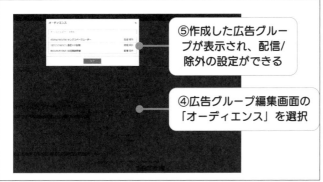

⑤ 作成した広告グループが表示され、配信/除外の設定ができる

④ 広告グループ編集画面の「オーディエンス」を選択

作成されたオーディエンスデータは、配信設定できるのはもちろん、除外設定することも可能です。たとえば、「過去に広告をクリックしてくれたが、購入に至らなかったユーザー」に広告を配信したい場合、「過去の訪問者リスト」と「問い合わせにつながったユーザー」の2つを作成し、広告グループで「前者を配信、後者を除外」と設定します。

　類似配信とは、自身で設定したオーディエンスに類似した属性を持つユーザーに配信されるものです。この機能は、LINE広告でさらにコンバージョン数を増やしたい、コンバージョンするユーザーの可能性を探りたい、といった場面に活躍してくれます。

　コンバージョンユーザーのオーディエンスデータを自分で分析し、オーディエンス設定することは可能ですが、工数がかかり、かつオーディエンスデータが煩雑になりやすく、管理しにくくなるというデメリットがあります。

類似配信

過去3ヶ月以内に靴を購入したユーザー
15% 類似度 1%　1% 類似度 15%

月5,000円以上課金しているユーザー
15% 類似度 1%　1% 類似度 15%

・類似性 高 →コンバージョンする見込みは高まるが、オーディエンスサイズは小さく、リーチできる人数が限定される

・類似性 低 →コンバージョンする見込みは下がるが、オーディエンスサイズは大きく、配信母数も増える

出所：「類似オーディエンス｜LINE for Business」をもとに作成
https://www.linebiz.com/jp/manual/line-ads/tracking_013/

類似配信であれば、手軽に拡張できるというメリットがあります。

　類似の対象となるのは、すでに作成済みのオーディエンスです。類似度という指数を設定して、配信をコントロールすることができます。類似性が高い場合はコンバージョンにつながりやすくはなる反面、配信の拡大はそれほど見込めません。逆に、類似性が低い場合は配信の範囲は拡大されるものの、コンバージョンの見込みが下がってしまう特性があります。

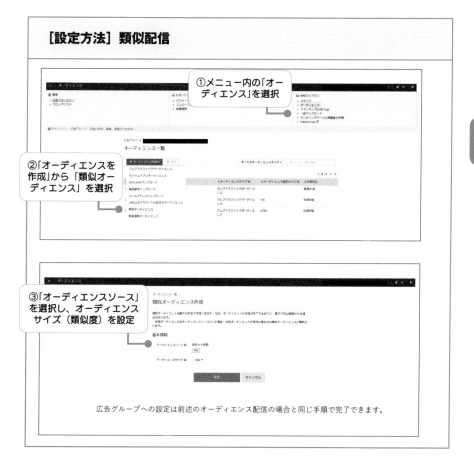

［設定方法］類似配信

①メニュー内の「オーディエンス」を選択

②「オーディエンスを作成」から「類似オーディエンス」を選択

③「オーディエンスソース」を選択し、オーディエンスサイズ（類似度）を設定

広告グループへの設定は前述のオーディエンス配信の場合と同じ手順で完了できます。

ターゲティング配信の結果で決める次のアクション

ターゲティング配信に合わせたPDCAサイクルの回し方を理解することで、より多くの顧客を獲得できる可能性が広がります。

▶ LINEターゲティング配信の目的はリーチとコンバージョンの"獲得"

　オーディエンスリストや、アップロードできるユーザー情報がない場合は、3つのターゲティング配信のうち、LINEターゲティング配信をはじめに設定することを推奨します。

　LINE広告で成果が出るターゲット層はどこなのかを絞り込む必要があるため、まずは広範囲に配信し、目標のコンバージョンが取れるようになるターゲットを特定します。

　見るべき指標は、リーチとコンバージョンです。これらが自社の想定通りに獲得できているかを判断します。

　リーチが足りていない場合は、デモグラフィックデータを広げましょう。配信エリアや年齢の拡張、趣味・関心の新規追加で改善できます。一方、コンバージョンが足りない場合はリーチが広すぎる可能性があるため、絞るか、別のデモグラフィックデータを試しましょう。LINEの機能である「パフォーマンスレポート」でどのような属性で獲得効率がよいのかを分析することで、成果のいいターゲットへ配信の範囲を絞ることができます。

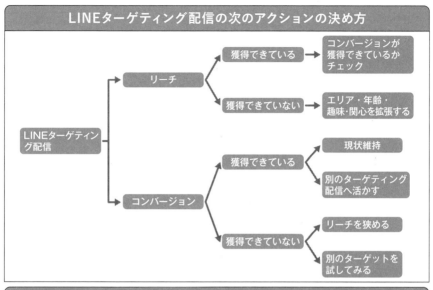

LINEターゲティング配信の次のアクションの決め方

- LINEターゲティング配信
  - リーチ
    - 獲得できている → コンバージョンが獲得できているかチェック
    - 獲得できていない → エリア・年齢・趣味・関心を拡張する
  - コンバージョン
    - 獲得できている
      - 現状維持
      - 別のターゲティング配信へ活かす
    - 獲得できていない
      - リーチを狭める
      - 別のターゲットを試してみる

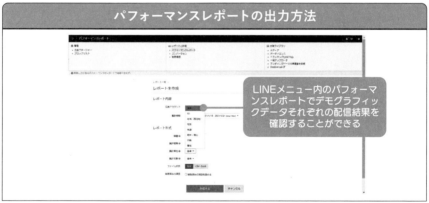

パフォーマンスレポートの出力方法

LINEメニュー内のパフォーマンスレポートでデモグラフィックデータそれぞれの配信結果を確認することができる

▶ オーディエンス配信の目的はコンバージョンの"最大化"

オーディエンス配信はLINEターゲティング配信より正確に配信できる反面、リーチがLINEターゲティング配信に比べると少なくなってしまいます。オーディエンス配信をするときは、新たなユーザーへのリーチ獲得は割り切り、どれだけ多くのコンバージョンを獲得でき

るかを指標に運用しましょう。

　オーディエンス配信でコンバージョンを増やすポイントは2つあります。1つ目は配信のオーディエンスリストの細分化です。たとえば、これまで過去90日以内の訪問ユーザーへの配信成果がよかった場合、最終訪問の範囲を90日以内、60日以内、30日以内と細分化したオーディエンスを作ります。成果のよかった範囲に絞ったり、日数に合わせたりして広告メッセージを配信するなど、次のアクションが見えてきます。

　2つ目は入札単価を引き上げることです。入札単価を引き上げることで、オークションでの勝率が上がり、コンバージョンが期待できるユーザーへの配信量が増加する可能性があります。よって、コンバージョンを最大化するためには、獲得効率のよいオーディエンスリストにおいて、入札単価を高く設定することを推奨します。

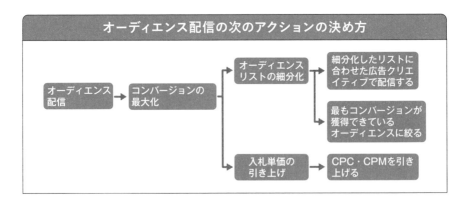

▶ 類似配信の目的はリーチとコンバージョンの"拡大"

　類似配信の目的はリーチとコンバージョンの拡大です。類似配信はオーディエンスデータを拡張して配信する設定なので、元のオーディエンスデータよりも、類似配信によってリーチが拡大できたのか、コンバージョンは獲得できたのか、を測定します。

　成果が出なかった場合の類似配信におけるアクションは2つです。類似度を上げ下げするか、類似元となるオーディエンスを別のオーディエンスに切り替える方法です。

　類似配信のよくあるミスは、デモグラフィックデータ設定も同時にしてしまうことです。デモグラフィックデータ設定をすることによって、配信範囲が限定されてしまうため、類似配信の一番のメリットであるリーチの拡大が抑制されてしまいます。

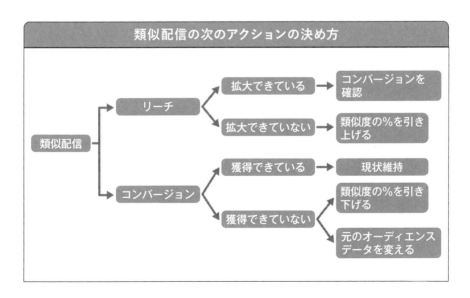

▶ クリエイティブの良し悪しはクリック率で決める

　LINE広告も他のネット広告媒体と同様、配信ターゲットを絞れば絞るほど高いクリック率が期待できます。一般的な配信の広さでいうと「オーディエンス配信＜類似配信＜LINEターゲティング配信」の順で広がります。

　私たちの運用しているケースでは、オーディエンス配信で1%、類似配信で0.7%、LINEターゲティング配信で0.5%をクリック率の目標にしています。これらのクリック率を基準に、ターゲットとクリエイティブがいかにマッチしているかを判断するのも、ターゲティング配信を使いこなすポイントです。

基礎

LINE広告の
リターゲティング配信

過去に自社サイトを訪問したユーザーに広告を配信できます。他の広告媒体との相乗効果も図れ、高いクリック率とコンバージョン率で運用できるため、設定するようにしましょう。

▶ 日常に欠かせない媒体だからこそ有効

　　LINE広告でも、自社サイトへのアクセスリストを作成し、そのリストをオーディエンス配信として設定することができます。多くのユーザー数と高い利用率だからこそ、一度サイトに流入したユーザーへのリターゲティング配信は、クリック率もコンバージョン率も高い数値が期待できます。

　　リターゲティング配信を利用することで、次のようなメリットがあります。

・ユーザー数の多さを活かして、セールや新商品の発売などのイベントの案内の認知広がる

・未購入客に対して、LINE上でも購入オファーを提示できる

・購入客に対して、LINE上でも再度購入のオファーを提示できる（新商品のセール情報など）

・商品の比較検討期間にアプローチの頻度が増やせる

▶ LINE広告のリーセンシーの設定を使いこなそう

　　「リーセンシー」とは最後のサイト訪問から経過した時間のことを指

します。

　サイト訪問後の経過日数でユーザーを切り分けます。訪問後のユーザーのモチベーションに応じて広告配信の強弱がつけられるなど、柔軟に広告配信ができます。

　ただし、リーセンシー範囲を一度指定すると、後から範囲を変更できないことがLINE広告のデメリットです。たとえば、「訪問後31〜60日」ユーザーと「訪問後〜30日」ユーザーで配信ターゲットを分けたい場合、この範囲を後から切り分けて配信することができません。

　この仕様は、除外配信設定を使うことで解決できます。上の例のような配信をしたい場合は、「訪問後〜60日」と「訪問後〜30日」の2つのリストを作成し、以下のようにユーザー設定をします。

　リーセンシーを切り分けたリターゲティング配信をしたい場合は、大きなリーセンシーと、小分けにしたリーセンシーを複数作成しておきます。後日リターゲティング配信をしたいときに、柔軟にリーセン

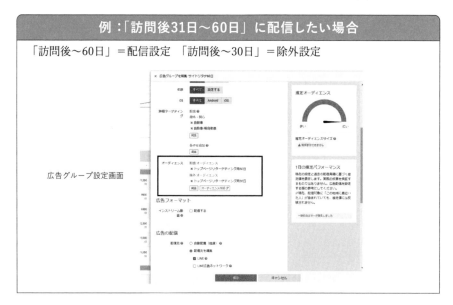

シーを設定することが可能です。なお、LINE広告のリーセンシー範囲は、180日以内の流入ユーザーまでリストをストックすることができます。

▶ リーセンシーは共有ライブラリ画面から設定

　広告管理画面の「共有ライブラリ＞オーディエンス＞オーディエンス作成＞ウェブトラフィックオーディエンス」から設定できます。

　リーセンシー有効期限を1～180日まで任意の期間を設定でき、オーディエンスの条件も「ウェブサイトにアクセスしたすべての人」「特定のページにアクセスした人」「イベントに設定したページにアクセスした人」の3つのタイプから設定できます。ここでのイベント設定はLINE Tagの項目で紹介します。

▶ 複数のリストを組み合わせて理想のターゲットに配信

LINE広告のオーディエンスリストは、複数のリストを自由に組み合わせることが可能です。たとえば、「特定のページにアクセスした人」と「イベントに設定したページにアクセスした人」を組み合わせることができます。

ECサイトでの未購入客を開拓するケースを例にとります。「特定のページにアクセスした人」として「買い物カゴにアクセスした人」のリストを作成し、「イベントに設定したページにアクセスした人」として「コンバージョンした人」をリスト化します。

そして、前者のリストを配信、後者のリストを除外設定します。すると、「買い物カゴにアクセスしたが、購入に至らなかったユーザー」に対し、購入を促す広告を配信することが可能です。

LINE Tagで
ユーザーの行動を計測する

LINE広告はLINE Tagという独自のタグを用意しています。ユーザーの行動計測が可能になり、リターゲティングやコンバージョンの記録が可能になります。タグの役割を理解して、LINE Tagを使いこなしましょう。

▶ 3つのLINE Tagを設定しよう

　　LINE広告のタグ「LINE Tag」は「ベースコード」「コンバージョンコード」「カスタムイベントコード」の計3つが用意されています。

　　このうち、「ベースコード」と「コンバージョンコード」は必ずサイトに設置するようにしてください。なぜなら、これらを設置しないとコンバージョンが計測されないためです。

　　ベースコードは、ほか2つのタグを認識させるための基盤となるタグです。これがないと、コンバージョンコードとカスタムイベントコードがきちんと計測されないので、すべてのページに設置しましょう。

　　コンバージョンコードはコンバージョン計測に必要なコードです。コンバージョンとしたい条件でタグを設定します。

　　カスタムイベントコードは他の広告でいうところの、マイクロコンバージョン計測の役割を果たします。

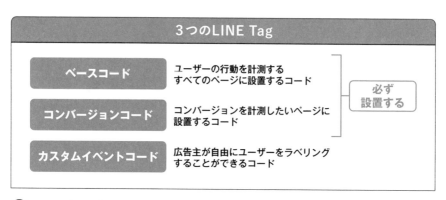

▶ コンバージョンコードとカスタムイベントコードはベースコードの後で発効

　発効の順序にも、LINE Tag特有のルールがあります。コンバージョンコードとカスタムイベントコードは、ベースコードのすぐ後に発効させるように順序を設定してください。

　タグをサイトに直接設置する場合はその順序でタグを入れればいいのですが、Googleタグマネージャーなどタグ管理ツールを使う場合、タグの順序づけ設定を忘れないようにしてください。

　ちなみに「ベースコード＋コンバージョンコード＋カスタムイベントコード」のように設置することも可能です。その際、ベースコードは1ページに1ヶ所のみ設置してください。

▶ カスタムイベントコードは加工が必要

　LINEのタグは、広告管理画面の共有ライブラリ欄のトラッキング（LINE Tag）内で発行できます。ベースコードとコンバージョンコードはそのままコピーしてタグを設置すればよいのですが、カスタムイベントコードの場合は、タグの一部を変更し、LINE広告管理画面上で認識させる必要があります。

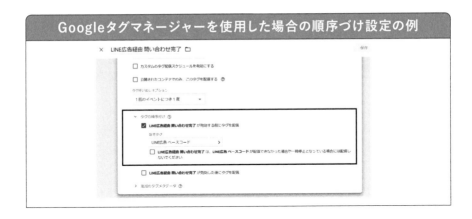

Googleタグマネージャーを使用した場合の順序づけ設定の例

type:'CustomEvent'をtype:'○○○○（任意）'に変更してからタグを設定

　上記の画像の通り、type:'CustomEvent'とある行の「' '」内の項目を任意の文字列（半角20文字以内、半角英数字のみ）に変更してから設定をしてください。この文字列を変更することで、カスタムイベントコードを複数作成することができます。

自動入札で最適化を図る

LINE広告における課金方法は、キャンペーンの目的と入札方法で決まります。これらを使いこなして、運用にかかる負担を軽減しましょう。

▶ 自動入札で工数削減・最適化

予算や配信方法をリアルタイムに調整できるのが、運用型広告のいいところです。しかし、得られた成果に応じて手動で入札額を変更するのは、運用者にとって負担でもあります。「やりたいけれど、やりきれない」というのはLINE広告に限らず、ネット広告でよくあることです。そこで活用したいのが、「自動入札」機能です。LINE広告では自動入札と手動入札の2種類の入札タイプが選べます。自動入札では、あらかじめ設定したイベント単価や予算内で入札額が自動調整されるのに対し、手動入札は、運用担当者が定期的に入札単価を見直し、調整する必要があります。工数を削減しながら広告効果を最適化させるには、自動入札を使いこなしましょう。

▶ 目的に応じた入札戦略

LINE広告では、キャンペーン単位で目的が用意されています（ウェブサイトのアクセス、ウェブサイトコンバージョン、アプリのインストール、アプリのエンゲージメント、友だち追加、動画の再生）。自社の広告を配信する目的に合わせて選択するようにしましょう。

キャンペーン目的と入札方法、課金タイプ

キャンペーン目的	入札方法	最適化の対象	課金タイプ	最低設定価格	備考
ウェブサイトへのアクセス	手動	-	CPC	¥24 /クリック	※1
	手動	-	CPM	¥200 /1,000インプレッション	
	自動	クリック数	CPC	¥36 /クリック	※1
ウェブサイトコンバージョン	手動	-	CPC	¥24 /クリック	※1
	手動	-	CPM	¥200 /1,000インプレッション	
	自動	コンバージョン数	CPM	¥1,200 /コンバージョン	
	自動	クリック数	CPC	¥36 /クリック	※1
アプリのインストール	手動	-	CPC	¥24 /クリック	※1
	手動	-	CPM	¥200 /1,000インプレッション	
	自動	インストール数	CPM	¥100 /インストール	
	自動	インストール数	CPC	¥100 /インストール	※1
	自動	クリック数	CPC	¥36 /クリック	※1
アプリのエンゲージメント	手動	-	CPC	¥24 /クリック	※1
	手動	-	CPM	¥200 /1,000インプレッション	
	自動	オープンイベント数	CPC	¥200 /オープン	※1
	自動	オープンイベント数	CPM	¥200 /オープン	
動画の再生	手動	-	CPM	¥200 /1,000インプレッション	
	自動	100%再生数	CPM	¥2 /動画の100%再生	※2
	自動	3秒再生数	CPM	¥1 /動画の3秒再生	※2
友だち追加	手動	-	友だち追加単価	¥50 /友だち追加	
	自動	友だち追加数	友だち追加単価	¥75 /友だち追加	

※1：CPC課金の場合、動画配信を行うことはできません。
※2：入札戦略は「イベント単価の目標を設定」で固定です。

出所：https://www.linebiz.com/jp/manual/line-ads/ad_015/

▶ 目的はキャンペーン単位、入札戦略は広告グループ単位で設定

　　目的はキャンペーン単位で設定でき、入札戦略は広告グループで設定できます。1つの広告キャンペーンで、自動入札と手動入札のA/Bテストを試すこともできます。ただし、A/Bテストは自動入札でうまくいかなかった場合に実施するのがお勧めです。改善はまず、クリエイティブ（＝何を）とターゲティング（＝誰に）を優先させ、それでも成果が出ない場合に手動入札を試すといった順に運用しましょう。

▶ 学習期間中は入札単価を変更しない

　　自動入札を選択した場合、管理画面内の広告グループに「学習中」と表示されます。この表示があるうちはLINE広告が学習を行なっていますので、基本的に変更はしないようにしましょう。

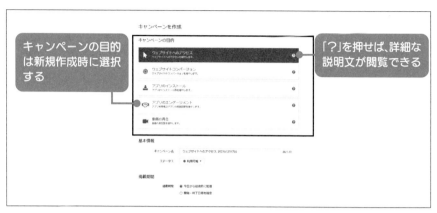

キャンペーンの目的
は新規作成時に選択
する

「？」を押せば、詳細な
説明文が閲覧できる

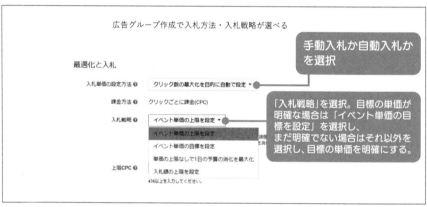

広告グループ作成で入札方法・入札戦略が選べる

手動入札か自動入札か
を選択

「入札戦略」を選択。目標の単価が
明確な場合は「イベント単価の目
標を設定」を選択し、
まだ明確でない場合はそれ以外を
選択し、目標の単価を明確にする。

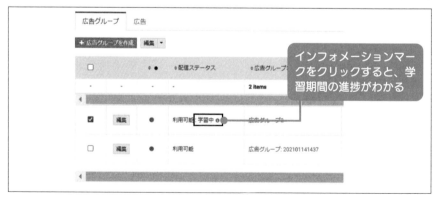

インフォメーションマー
クをクリックすると、学
習期間の進捗がわかる

基礎

アカウント審査の申し込みは明確にする

LINEビジネスIDと広告アカウント作成時に、自社のサイトURLと商材名を入力します。ルールに則り入力しないと、審査の際に否認され、運用に進めません。よくある否認のパターンを確認しましょう。

▶ LINEビジネスID作成時は広告主情報を記入

　　広告主情報では、「広告主正式名称」と「広告主ウェブサイトのURL」の2点を入力します。この審査基準が厳しく、サイトURLが有効なリンクであるかどうかだけではなく、サイト内に会社情報（所在地や代表名）があるかなども審査対象になります。

▌広告主情報の審査否認を防ぐポイント

①広告主の正式名称の不備	・会社形態（「株式会社」や「合同会社」など）を含めて正しいものを入力し、省略しない ・遷移先で確認できる企業名と広告主の正式名称が一致している
②広告主とウェブサイトの関係が不明	・広告主ウェブサイトのURLのリンクが有効である ・広告主に関連するページである
③広告主の詳細情報が不明	・広告主の詳細情報（代表者名、事業概要、所在地など）について記載がある

出所：【LINE広告】広告アカウント審査｜よくある6つの否認理由と、入力における注意点

7章

LINE広告

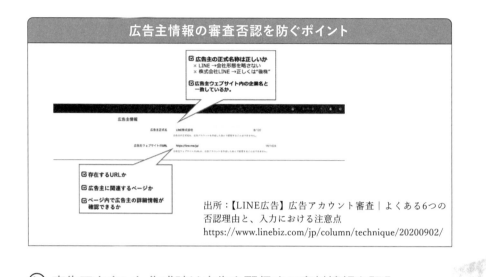

広告主情報の審査否認を防ぐポイント

- ☑ 広告主の正式名称は正しいか
  - × LINE →会社形態を略さない
  - × 株式会社LINE →正しくは"後株"
- ☑ 広告主ウェブサイト内の企業名と一致しているか。

広告主情報

広告主正式名称　　LINE株式会社

広告主ウェブサイトのURL　https://line.me/jp/

- ☑ 存在するURLか
- ☑ 広告主に関連するページか
- ☑ ページ内で広告主の詳細情報が確認できるか

出所:【LINE広告】広告アカウント審査｜よくある6つの
否認理由と、入力における注意点
https://www.linebiz.com/jp/column/technique/20200902/

▶ 広告アカウント作成時は広告を配信する商材情報を記入

　商材情報では、「商材正式名称」「商材URL」「LINE公式アカウント
のID」の3点を入力します。商材正式名称と商材URLは、広告を配
信したい商材と、その内容がURLに記載があるか審査されます。

　原則、広告に設定できるURLは商材URLのドメイン内の広告しか
承認されません。また、サイトを複数運用していない場合や、特定の
商材専用のサイトをもっていない場合は、LINEビジネスID作成時と
同じURLで構いません（サイト内に商材の記載がある場合に限る）。

　また、広告アカウント作成時に必須情報となるのが、LINE公式ア
カウントのIDです。LINE公式アカウントを持っていない場合は、ま
ず、新規作成する必要があります。LINE公式アカウント内の情報も
審査対象なので、商材と関連のあるLINE公式アカウントであるよう
に作成しましょう。

▌商材情報の審査否認を防ぐポイント

④商材正式名称の不備	・正しい表記（仮名／漢字か、アルファベットの大文字／小文字などにも注意）で入力し、省略しない ・遷移先で確認できる商材名と商材正式名称が一致している
⑤商材URLの不備	・商材URLのリンクが有効である ・商材に関連するページである ・ページ内で広告主の詳細情報について記載がある
⑥LINE ID設定の不備	・利用中のアカウントである ・LINE IDのアカウント表示名が広告主体者または訴求されるサービスと関連性があるとわかること ・IDの文字列が正しい （「LINE公式アカウントの ベーシックID／プレミアムID」に入力する前に、念のため自社のLINEアカウントのIDをLINE Official Account Managerで確認してください）

出所：【LINE広告】広告アカウント審査｜よくある6つの否認理由と、入力における注意点

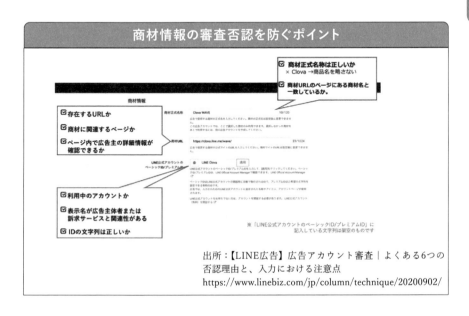

出所：【LINE広告】広告アカウント審査｜よくある6つの否認理由と、入力における注意点
https://www.linebiz.com/jp/column/technique/20200902/

7章

LINE広告

▶ LINE広告を配信できる業種か

LINE広告には審査があり、すべての商材が配信できるわけではないことに留意しましょう。特に、化粧品や健康食品など特定のビジネスにおいては、過剰なベネフィットを訴求する商材を否認するなど、厳しく見られており、特別な審査条件もあります。参考までに、NG業種・NG商材を掲載しています。事前にチェックしておきましょう。

アカウント審査と初回広告審査を含めると、2週間程度の期間を必要とすることもあるので、配信計画に合わせ、早めに準備することをお勧めいたします。

※LINE広告の審査に関する情報は、2021年8月時点のものです。今後変更される可能性があるので、詳細は下記の「LINE広告審査ガイドライン」をご参照ください。https://www.linebiz.com/jp/service/line-ads/guideline/

配信できない業種・サービス例

・宗教関連 ・ギャンブル関連、パチンコ等（公営競技・公営くじは除く） ・アダルト関連 ・出会い系、マッチングサイト等（一部 LINE が認めた場合を除く） ・連鎖販売取引 ・探偵業 ・たばこ、電子タバコ ・武器全般、毒物劇物 ・政党	・公益法人、NPO/NGO、社団法人（一部 LINE が認めた場合を除く） ・生体販売 ・整骨院、接骨院、鍼灸院等 ・未承認医薬品・医療機器等 ・消費者金融などの貸金業、質屋（一部 LINE が認めた場合を除く） ・ネット関連ビジネス（情報商材、自己啓発セミナー等） ・募金、寄付、クラウドファンディング等の資金調達（一部LINE が認めた場合を除く） ・その他LINE が不適切と判断した業種・業態、商品・サービス

出所：「【LINE広告】出稿対象外となる業種・サービスについて」をもとに作成

おわりに

　本書でネット広告の活用方法を解説してきました。複雑に感じた部分があるかもしれませんが、ネット広告は、好きな人に告白するように「あなたには、私たちの商品・サービスがマッチしています」と伝えるための強力な味方になってくれます。

　執筆のためにネット広告に関する多くの情報を見直し、著者陣にとっても新たな発見や気づきがありました。

　ネット広告とは、日々進化（アップデート）していくものです。

　しかし、広告作成の原理原則は、チラシの時代から変わることはありません。広告の目的は「自社のサービスや商品の情報を、必要としているお客様1人1人に届けること」です。

　私たち船井総合研究所は、当時から今に至るまで一貫して、広告を通じて中堅・中小企業様の事業成長を支援してきました。今後はネット広告を活用し、持続的成長をサポートできるパートナーでありたいと考えています。

　本書を手にとられた皆さまが、ネット広告の無限の可能性に触れ、実際に活用される日々をワクワクと楽しんでいかれることを願っております。

（執筆者）略歴

沖山　佑樹（おきやま　ゆうき）

船井総合研究所 事業開発室 アドテク・メディアグループ
2013 年に船井総研に中途入社。「スモールでも」「ローカルでも」をモットーにテクノロジーを使って、デジタルマーケティングに関する支援をしている。中堅・中小企業とプラットフォーマーとの架け橋として、支援先の商品やサービスを理解し、最適なプラットフォーム活用（ネット広告やデジタルツールなど）を推進している。

渡邊　達陽（わたなべ　たつや）

船井総合研究所 事業開発室 アドテク・メディアグループ
2017 年に新卒で船井総研に入社。デジタル広告を活用した即時業績アップを得意とし、士業、医療、美容、飲食、EC、住宅・不動産、葬儀、自動車、アパレル、ブライダルなど業種を超えてネット広告の運用をサポート。計測環境の整備や具体的な設定方法などの実務面も理解し、業績アップにつながる運用担当者育成まで行なう。

内藤　滉介（ないとう　こうすけ）

船井総合研究所 事業開発室 アドテク・メディアグループ
船井総研に新卒入社以降、デジタル広告を活用した戦略立案・設計・運用を手がける。売上を上げることを第一優先に考えたデジタル広告運用を心がけ、企業に合わせた実行・実践可能なコンサルティングを得意としている。現在は Web 広告運用だけでなく、Web サイト改善／ SEO ／ MEO など、Web 全般の業務に携わっている。

船井総合研究所 事業開発室 アドテク・メディアグループ

中堅・中小企業を対象に専門コンサルタントを擁する日本最大級の経営コンサルティング
会社。業種・テーマ別に「月次支援」「経営研究会」を両輪で実施する独自の支援スタイル
をとり、「成長実行支援」「人材開発支援」「企業価値向上支援」「DX（デジタルトランスフ
ォーメーション）支援」を通じて、社会的価値の高い「グレートカンパニー」を多く創造
することをミッションとする。その現場に密着し、経営者に寄り添った実践的コンサルティ
ング活動はさまざまな業種・業界経営者から高い評価を得ている。はじめてネット広告
に挑戦する企業の支援実績が豊富。

担当者1人で取り組める
はじめてのネット広告

2021年10月 4 日　初版発行
2023年 7 月25日　3 刷発行

著　者 ── 船井総合研究所

発行者 ── 中島豊彦

発行所 ── 同文舘出版株式会社

　　　　　東京都千代田区神田神保町 1-41　〒 101-0051
　　　　　電話　営業 03 (3294) 1801　編集 03 (3294) 1802
　　　　　振替 00100-8-42935
　　　　　https://www.dobunkan.co.jp/

©Funaisogokenkyujo　　　　　ISBN978-4-495-54096-8
印刷／製本：萩原印刷　　　　　Printed in Japan 2021